分かりやすい仏教入門

私たちはどう生きるか

他力と悪人の自覚

鈴木 正臣

東京図書出版

穏やかで質素な生活は、
不安に襲われながら成功を追求するより
多くの喜びをもたらす。

――アルベルト・アインシュタイン

まえがき

「雪が溶けたら何になりますか？」と問われて、あなたはどうお答えになりますか？

「もはや戦後ではない」という言葉が流行ったのは、戦後わずか十年経った昭和二十年頃と記憶していますが、その頃生まれた人たちが社会人になった昭和五十年頃、その人たちは「新人類」という謂れもないレッテルを貼られて呼ばれ、それが当時の流行語となりました。いわゆる「新人類」と呼ばれた人たちの特徴は、それ以前に生まれた人たちと比べて極めて合理的な考え方をすると言われていました。職場で仕事を指示されても、「何故それを今やらなければならないのか」が納得できなければ、なかなかモチベーションが上がらないが、納得すれば驚くほど立派にやってのける、というところがあったように思います。

そういう人たちが今定年を迎え、両親や近親者が亡くなっていくことに伴う宗教的行事に係わる機会が増え、好むと好まざるとにかかわらず、我が人生の意義を問い直す年頃になっておられます。ここに宗教、特に日本人においては仏教の果たす役割は大きいものがあると思います。しかし、現在の仏教界がそういう人たちの受け皿になり得ているかと言えば、極めて悲観すべき事態であると言わざるを得ません。それは何故でしょうか？

あらためて冒頭の質問ですが、「雪が溶けたら何になるか？」の問いに対して、「春になる」と答えた東北地方の人がおられたそうです。仏教の一宗派である浄土真宗の僧侶は、このような人の感性を高く評価していました。こういうところに、昔からの浄土真宗の雰囲気というものが表れていると思いますが、かつての「新人類」や私も含めて、この答えにはかなりの違和感があると思います。たしかに、北海道や東北地方の人たちの思いとして、鬱陶しい雪が溶けて消えれば待ちに待った春がやってくる、という切実な気持ちが込められているのは分からないでもありませんが、九州では雪が溶けても春にはなりません。つまり、雪が溶けたら「春になる」という回答には合理性・普遍性がないのです。

言うまでもなく雪が溶ければ「水になる」というのが正解で、これは誰にも否定できない真実です。実は、仏教の考え方の根底にあるのが、このような合理性・普遍性なのですが、一般にはそのことがよく理解されていないようです。これは仏教の教義が難解で、情報化時代の現代人に即した言語で説かれていないからだと思います。

ヨースタイン・ゴルデル（１９５２－）という人の書いた『ソフィーの世界』という本を読みました。十四歳のごく普通の少女に対して、難しい哲学を分かりやすく教えるという内容のものですが、仏教についても、このような分かりやすいものが求められているのではないか、と私は思います。仏教の何が分からないかと言えば、そもそも仏とは何か。如来とは何か。阿弥陀仏とは何か。本願とは何か。回向とは何か。他力とは何か。そういうことがどうももやもやっとしていてイメージできないのです。

人生五十年という時代はとっくの昔に終わり、今や人生九十年、百年の時代になっています。現役をリタイヤしてからの長い年月をどう生きるか、それが切実な問題であります。吉野源三郎（１８９９－１９８１）著『君たちはどう生きるか』という本が、漫画にリメークしたものも含めて、空前のベストセラーになっています。若い「君たち」は、とりあえず道徳的に生きることを心がけるべきでしょうが、戦後の高度経済成長期を、経済論理一辺倒で乗り越え、人生の終末期に差しかかっている者にとっては、ただそれだけでよいのでしょうか。健康で幸せに生きればそれが一番だ、と多くの人は考えています。損するより得する方が幸せ。負けるより勝つ方が嬉しい。嫌いな人より好きな人とつきあう方が楽しい。醜いものはいや、美しいものが好き。誰でもそう考えますが、いくら得をしようがどうしようが、最後は必ず「死」という、私たちからみれば究極の不幸を迎えないわけにはいきません。

生死の世界を超えるもの、それは何でしょうか。本当の幸せとは何でしょうか。それは、とりもなおさず「私たちはどう生きるか」という問題であります。

定年後二十年間、聞法を重ねいろんな仏教の本も読み、やっとその課題について納得のいく結論を見出したような気がしています。「ああ、そういうことか」と気付かされたことがあります。そのことを、私のレベルまで目線を下げてお話しすることができないか、と考えまして、浅学無智、無謀を承知のうえで、パソコンのキーを叩いてみました。

私たちはどう生きるか ◇ 目次

一、俗化した仏教

文明開化の明治初期において福澤諭吉（1834−1901）は、その著『文明論之概略』に、

仏法は唯是文盲《もんもう》世界の一機械にして、最愚最陋《さいぐさいろう》の人心を緩和するの方便たるのみ。

（延塚知道『「他力」を生きる』二十七ページ）

と述べています。つまり、仏教の教えることは皆迷信だが、国民がそれを信じて道徳的に生活している限りにおいては、むしろそれを奨励することが国家を統治する上で望ましいことである、と彼は考えていたようであります。しかし、いわゆる「迷信」というような、因果の法則を無視した科学的根拠のないこと、超自然的なこと、即ち魔術とか奇跡と

いうようなものを信ずることは本来の仏教にはないのだというのが、科学時代の現代における一般的な考え方です。

十九世紀末のヨーロッパ、特にプロテスタントが優勢なイギリスとドイツの仏教学者は、釈尊の思想を忠実に伝えるパーリ語の聖典の中に記されている合理的な教説を釈尊の真意と受け止めています

（松長有慶『仏教と科学』八十五ページ）

右のようなヨーロッパの仏教学者の指摘に触発されてかどうか分かりませんが、我が国では、最近主に医師や物理学者など、いわゆる理系の人による科学的思考に基づく仏教へのアプローチがなされるようになっています。

とはいうものの、現実問題として、宗教というものにはどうしても教祖にまつわる不思議な現象を言い伝えるものが多いのも事実です。キリスト教におけるイエスの復活や、釈尊伝の中には降魔《ごうま》伝説というのもあります。降魔伝説というのは、釈尊がガヤの菩提樹の

下に座し、禅定に耽っていたとき、悟りを得た釈尊の行動を妨害しようと、悪魔たちがやってきたが、釈尊が右手の先端で大地に触れたとたんに、雷鳴が起こり嵐になり、早々に悪魔たちが退散した、というものです（同右、九十八ページ）。このほか我が国においても、空海（弘法大師：７７４－８３５）に関する不思議な現象の言い伝えがあり、また、親鸞聖人（１１７３－１２６２）についても、同様のことが北陸地方では残っているようです。

どうしてこのようなことが言われるようになったのか、私なりに考えてみますと、本来は、人々を苦しみから解放しようという願いがあって、教祖や宗教それ自体の威力を誇示することにより人々の歓心を買い、それを縁として入信させ、あるいは教団の勢力拡大を図るために考え出されたものではないか、と思います。難解な教説が無知な人々にも分かるように、方便や比喩として不思議な現象を説かれていたものが、いつの間にかその方便や比喩そのものが独り歩きしてしまった、というのではないでしょうか。

加えて言えば、愚かな人間の心理として、不可能なものや成就が極めて困難なものを何とかして実現したい、という強い願望がはたらきます。自分の思い通りになることを常に願って神仏にすがったり、祈ったりします。そういう人間の弱みを見透かしてその願いに迎合し、宗教教団の様々な祈禱が考案され、また、それが効果あるものと思わせるため、不思議な伝説が流布されることになったのだと思います。

我が国においてそのような傾向が特に顕著に表れ始めたのは、江戸時代になってからのことではないでしょうか。鎌倉仏教はまだかなりストイックな面があったと思われますが、徳川家康（1542－1616）がいわゆる檀家制度を布いたことから、寺族の生活が安定し、そのストイックさがだんだんと薄れて、何でも民衆の要望に応えていくという、いわゆる俗化をし始めたと私は見ています。民衆の迷いに乗じて、従来の神道的なものや中国から伝来した道教とか儒教の思想を換骨奪胎し、仏教の儀礼の一部として取り込んできたようであります。

俗化ということで興味をそそる話として、中国で儒教の葬儀の儀礼を取り入れて作られ、我が国において完成したとされる「地蔵菩薩発心因縁十王経」というのがあるそうです。十王というのは、道教の中での考え方で、あの世にいて死後の人間を裁く十人の王様のことです。ですから、これには仏教と儒教と道教が混在していると言われます。我が国においては、親鸞聖人の玄孫である存覚（1290－1373）が、その完成に一役買っていると言われ、お説教の材料によく使われていたと言うのです。存覚は、本願寺三世覚如（1270―1351）の長子でありながら、教学上の相違等で父から義絶され、本願寺留守職を継げなかったということですが、こういう事情があったのかもしれません。それが江戸時代になって寺族や民衆の間に浸透し、さらに尾ひれが付いたりしたのではないでしょうか。その内容につきましては、戸次公正ほか著『殺すこと殺されること』百八十一ページ以下に詳しく書いてありますが、興味をそそったついでに、少し長くなりますが、そのあらましをここにご紹介します。

……人が死んで初七日までの間は、死んだ人は亡者となって広い野原をただ一人とぼとぼと歩いて行く。死後どこの世界に行くのかまだまとまらない中間的存在なので、これを中有と言う。……初七日の日に、地獄から獄卒が迎えに来て、ある所に連れて行き、そこから怖い顔をした鬼に引っ張られて死出の山と言うのを渡らされる。その山を越えると秦広王《しんこうおう》と言う裁判官がいて、そこで氏名、住所を点検される。そこを出ると三途の川と言う大きな川があり、上中下と言う三つの渡しがある。上は浅水瀬《あさせ》と言って、水が膝までのところを流れる。比較的罪の浅い者がここを渡してもらえる。中の渡しは綺麗な橋が架かっている。これはちょっといいことをした人が渡れる。下の方は強深瀬《ふかせ》と言って悪い奴がここを渡る。とても深くて化け物が住んでいると言われる。しかし、(鬼に) 袖の下を渡すと場所を変えてもらえる (亡者に六文銭を持たせるのはこのためらしい)。川を渡るとそこに脱衣婆《だつえば》と言う鬼がいて亡者の着ているものをはぎ取る。

ふた七日に初江王《しょこうおう》のところに行く。そこの法廷で鬼が大きな巻物を広げて、亡者の罪を大小ことごとく読み上げる。亡者は恐ろしくなって泣きながら、「今頃娑婆では自分の妻子眷属が一生懸命葬式を出して、七日七日の供養をしてくれているので、何とかお慈悲を」と情状酌量をお願いする。それで娑婆の善行が届くのを待ってやるが、大抵届かない。

それで次の三・七日は宗帝王《しゅうたいおう》のところに送られる。ここでも取り調べを受け、地獄行きになりそうだと言われ次に送られる。

四・七日はまた大きな川を渡らされて、五官王《ごかんおう》の法廷で大きな天秤に掛けられ、罪の重さを量られて次に送られる。

五・七日になっていよいよ閻魔大王の前で、浄玻璃の鏡に生前の悪事が映し出される。実は、閻魔様の本地は地蔵菩薩で、町や村の辻々に立って人の悪事を見てこっそり閻魔帳に付けているという。そこで罪の軽重が決められる。

六・七日は変成王《へんじょうおう》のところで再審査が行われる。そしていよいよ七・七日四十九日の満中陰になって太山王《たいざんおう》の前で最終判決が出され、地獄、餓鬼、畜生、修羅、人間、天界の六道の何れかへ行き先が決まる。

……普通はここで終わるが、未決囚のために百か日があって、再審請求が出された者について平等王の法廷で審査される。一周忌になると都市王の法廷で、後に残った家族などの供養の状況を見て情状を検討し、三回忌の時、阿弥陀如来を本地とする五道転輪王のもとで救われる。

これを「十王信仰」と言うそうですが、これによって日本仏教は因果応報を説き、また、先祖供養の大切さを説いて、死後順次法要をしていくという今日の形ができたのでしょう。

これはこれで民衆の教化に役立つ面もあったのでしょうから、迷信だ何だとかいちいち言い募るつもりはありません。むしろ、これが現在でも寺族の生計維持に寄与しているところが大きいのでしょうから、簡単に否定できない面もあります。

初期仏教の経典の中にも、いろいろと不思議な出来事が語られているものが少なくないそうですが、釈尊が悟ったことは、そういうものではない、と私は考えております。

二、釈尊の悟ったこと

ここで、釈尊について簡単に触れておきたいと思います。

釈尊は、「釈迦牟尼」「世尊」「仏陀」「大徳」「浮屠」その他いろいろな呼び名がありますが、本名はゴータマ・シッダールタと言います。釈尊の生誕年代については諸説があって、はっきりしたことは分からないそうですが、一応紀元前四六五年というのが定説のようです。八十歳で亡くなられたと言いますから、没年は、紀元前三八六年ということになります。実在の人物かどうか一時疑われたそうですが、紀元前三世紀に全インドを統一したチャンドラクプタのマウリヤ王朝三代目のアショーカ王（BC268－BC232）によって、釈尊誕生の地として建立された石柱が、近代になって発掘されたことにより、その実在が確認されました。

古代のインド人は、伝記を作るという発想がなかったようでありまして、ちゃんとした釈尊伝というようなものは無いそうですが、後世の研究によれば、インド北部、現在のネパール南部のカピラバットゥの郊外にあるルンビニ園で、釈迦族の王様スッドーダナ（浄飯王）とマーヤ夫人の間に生まれたとされています。生後間もなく母が亡くなり母の妹マハープラジャパティに育てられました。釈迦族は地方の一小国ではありますがかなり裕福であり、ゴータマはその王子でありました。十六歳でヤショーダラと結婚し、男の子ラーフラが生まれています。若い頃から人生についていろいろと悩み苦しみ、ついに二十九歳で出家します。

出家の動機について語られる有名な物語があります。ゴータマは、父の宮殿から外に出て最初の東側の門で老人を見ました。次に南側の門に出て病人を見、そのつぎに西側の門で死人を見ました。そして、自分も何れはそのようになることを知り、憂鬱になっていましたが、最後に北側の門で清浄な沙門《しゃもん》を見て、出家を決意したというのです。この伝説が「四門出遊の物語」というものです。

沙門（又は沙弥）というのは、自由思想家のことで、髪を剃り、粗末な衣をまとって、地位や財産、家族その他生活の糧となるもの一切を捨てて遊行者となり、人里近くの山林の中で修行する人のことです。サンスクリット語でビクシュ（bhiksu）、音写して比丘とも言いますが、意味は乞食《こつじき》と言って、修行の合間に近くの家々を回って余った食べ物を貰って生活する人たちです。

出家して沙門となったゴータマは、ガヤという所で六年間の苦行を続けます。それは息を止めてしまう止息法や、一日雑穀一粒しか食べない断食など、極めて過酷なものでした。そのような修行を続けた結果、意識が朦朧となって幻想に悩まされ、とても悟りを得られるものではありませんでしたので、ついに苦行を捨てました。山林を出てガンジス河の支流であるネーランジャラ川で、ほとんど骨と皮だけのように痩せた躰を洗っている時、村の長者の娘スジャータの差し出した乳糜《にゅうび》（＝乳粥）を飲んで元気になり、近くに生えていたアシュバッタという樹の下で瞑想に耽り、ついに悟りを開かれたと言います。釈尊が三十五歳の時です。アシュバッタという樹は、無花果《いちじく》の一種で、後にこれが菩提樹と呼ばれるようになったのです。

そこで釈尊は何を悟ったかと言いますと、初期の経典ではいろいろ書かれているそうですが、簡単に言えば、大宇宙を支配する大きな力のはたらき、即ち「縁起の法」というものの発見ではないでしょうか。それともう一つは、若いころから人生の憂鬱な問題であった「苦」の解決であったと思います。これは、苦、集、滅、道の四聖諦について説かれているものです。「諦」というのは「諦める」という意味ではなく、悟りとか真理という意味であります。

釈尊の発見した「縁起の法」とは何でしょうか。彼の言葉に、

これがあると、かれがあり、
これが生まれることで、かれが生まれる。
これがなければ、かれがなく、
これが滅びることで、かれが滅びる。

（田上太秀『迷いから悟りへの十二章』四十六ページ）

というのがあります。これが釈尊の発見した法である「因縁生起説」の原点と言われるものです。「これ」があると「かれ」がある、ということは、「かれ」は「これ」によって

ある、つまり、他のはたらきによって存在するということ。A（原因）があってB（結果）がある。B（原因）があってC（結果）がある。C（原因）があってD（結果）があるというふうに、無限の連鎖によって物事は成り立っている。この原因と結果の間にはたらくものがあって、これを「縁」と呼んでいます。たとえば、私が重い石を手に持っている、とします。そのままでは石は私の手の中で静止しているだけですが、重力がありますから、常に下に落ちようとする原因をもっています。ですから、その石を「何らかの理由で」手から放せば、石は落下します。手から石を放す、という行為が即ち縁であり、これがない限り、原因はあっても落下という結果は生じないのです。全ては因と縁によって起こり、因と縁によって滅する。これが釈尊の説く縁起（縁滅）の法であります。

この法に当てはめて「人間の苦は何によって起こるか」を順次追究していった結果、いくつかの要素が発見され、これが「因縁生起説」と言われるものになったようです。初期仏教においては、まだ素朴な形として提唱されていたようですが、後代の経典編纂者において緻密な分析と総合が加えられた結果として、「十二縁起説」というものが確立されたと言われております。その十二というのは、

①無明
②行
③識
④名色《みょうしき》
⑤六入
⑥触
⑦受
⑧愛
⑨取
⑩有
⑪生
⑫老死

であります。つまり、

①何も分からないところから
②生まれ出て
③識が生じ
④色、声、香、味、触、法（六境）という環境に
⑤眼、耳、鼻、舌、身、意（六根）という感覚器官が
⑥接触して
⑦感受し
⑧それに執着することで
⑨各種の欲望という意識作用が起こり
⑩我が行動の判断材料として
⑪生活し
⑫老いてついに死す

という順になると言うのです。これらの解釈については諸説があるようですが、簡単に

述べればこういうふうになります。この順に考えていきますと、「無明」があるから「老死」という苦がある。「老死」の原因をたどれば「無明」に行きつく、と言うのです。私たちは、何かよく分からないところから、気が付いてみたら生まれていたのであります。そして、見たり聞いたり触ったりして、生きるためのあらゆる情報を蓄積する過程において、快、不快の感情を伴い、それに執着することによって煩悩が生じ、その煩悩に支配されて苦しみながら生き、やがて老いて死ぬ、という過程をもって一生を終えるのです。

そして、これらに影響を与える環境は、あらゆる因縁によって間断なく常に変化しているのですが、その因縁と結果の間に必然性が存在していると言うのです。この変化の過程にはたらいているのは、この広大無辺の宇宙を支配する普遍的な法則である、と釈尊は直感したのだと思います。釈尊が生存していた二千五百年前の人々の状況から考えますと、極めて画期的、合理的な着想であったと思います。この原因と結果の関係を因果関係と言いますが、これを正しく理解して順応していくのが、最も賢明な生き方であると釈尊は教えているのだ、と私は理解しています。

しかし、この因果関係の法を受け入れられないところに苦の原因があり、また、因果関係がないのにあると錯覚するところに、人間の迷いをもたらす原因があると考えられます。自分の不幸な境遇が何とかならないものかと神社仏閣にお祈りをし、また、入試の合格、家内安全、交通安全などの祈禱を行っても、それが原因で思い通りになることは決してないのです。祈禱することと望むことの成就との間には、全く因果関係がないからです。

昔は、長らく雨が降らないと、農家の人たちが連れ立って、高い山にある竜神様に雨乞いをしに行っていました。そうすると二～三日後に本当に雨が降ることがありました。それで皆竜神様の不思議なご利益を信じるのですが、雨乞いと降雨との間には何の因果関係もないのです。もうそろそろ降るだろうと待っていてもなかなか降らない。このままでは農作物が枯れてしまうと、しびれを切らして雨乞いに行く。実は、農家がしびれを切らす頃には、たいていもう雨が降りやすい状況にはなっているのです。ですから、雨乞いをしなくても雨は降るし、雨乞いをしてもしばらくは降らない時もあるのです。大気の気圧配置と気温など、諸々の縁が熟さないと雨は降りません。

また、今はだれも信じないでしょうが、昔は「丑の刻参り」ということが行われていたようです。恨みを持つ相手をかたどった藁人形を、丑の刻〈午前二時〉に神社の鳥居やご神木に五寸釘で打ち付けて呪い殺す、という恐ろしいことをやっていたのです。それによって相手が死ぬということはあり得ないのですが、たまたま本当に死んだとしても、殺人罪に問われることはありません。我が国の刑法では、これを不能犯と言っています。「丑の刻参り」と、相手が死んだこととの間に、因果関係があることを科学的に証明することができないからです。

ところが、このような因果関係を無視した行為を未だに信じている人もいるようです。あるところにおばあさんがいて、朝夕熱心にお内仏（仏壇）にお参りしていました。中学生のお孫さんがいて、バレーボールの選手をしていましたが、大会で優勝したそうです。お孫さんは、てっきり、おばあさんが朝夕自分のチームが勝つようにと仏様にお祈りしてくれていたのだろう、と思っておばあさんにお礼を言ったのです。ところが、おばあさんはこう言ったそうです。「そんなことはしませんよ。だってそれで相手のチームが負けたら可哀そうじゃないですか」と。これを美談として、仏教の教えに適うもののように言われる人がいましたが、どこかおかしいと思いませんか。おばあさんは、本当はこう言うべきではないでしょうか。「私が仏様にお祈りしたとしても、貴方のチームの勝ち負けに影響することはありません。だから私はそういうお祈りはしないのです」と。また、負けた相手が可哀そう、などということを言っていたのでは、勝つことを目的としているこの種のスポーツは成り立たないのです。強い方が勝ち弱い方が負ける、という因果の法則に従って決まるのです。神社などで必勝祈願をしてもまったく意味がないのです。それでもそういうことをしないと気が済まないのは、どうしようもない人間の迷いなのです。

さて、釈尊が悟った四聖諦とはどういうものでしょうか。釈尊は、一切は苦〈ドッカ duhkha〉であると言います。サンスクリット語の「ドッカ」という言葉を中国で「苦」と訳されましたが、インドではもっと広い概念で使われていると言われています。たとえば、快楽もドッカであると言うそうです。快楽の後に来るものは必ず苦であるからです。そう言えば、麻薬や覚せい剤などを使用した場合に、言い知れない快楽を味わうそうですが、何回も使用するうちに中毒になり、その依存性は極めて強く、薬が切れた時には、まさに地獄の苦しみを味わうと言われます。また、それほどではないにしても、宴という楽しいことの後に味わう寂寥感というのもあります。

苦について、四苦八苦ということがよく言われます。四苦とは、生・老・病・死のことです。

①生きる苦しみ

生きていくこと自体が苦と言うのです。毎日食べていくためには、いやな仕事もしなければなりません。気に食わない上司の言うことも黙って聞かなければなりません。交通事故や災害など、危険がいっぱいの中を紙一重の差で潜り抜けて生かされているのです。人生は苦しいことばかりではなく、楽しいこともいっぱいあります。しかし、その背後には死というものが常に纏わり付いているのです。一日一日確実に死へと向かって突き進んでいるのです。その苦しみを自分ではどうすることもできません。

②老いていく苦しみ

人間の細胞は約六十兆〜百兆個あると言われていますが、それが三〜四カ月で新しい細胞と入れ替わるそうです。細胞のコピーをどんどん作って、古いものから排泄されていくのでしょうが、その際にエラーが生じます。たとえば、文書をコピーする。そのコピーした文書をさらにコピーする。それを何回も繰り返すと、文字が少しずつ掠れ、ついに読めなくなります。○○パーセント同じものがコピーできるのなら、何回コピーしても変わらないはずですが、どうしてもその過程において、ほんの僅かなエラーが生じます。人間の細胞もそれと同じで、これが老化現象というものではないか、と私は考えています。老化すると皺が増えて醜くなり、腰が曲がり、手足が思うように動かなくなります。だんだん耳が遠くなり、目も見えなくなります。物忘れがひどくなり、思考能力も低下します。これも避けることができない苦です。

③病気に伏す苦しみ

ＤＮＡ（遺伝子）に組み込まれたプログラムの欠陥、生活習慣や偏った食生活等により、細胞のコピーの際に大きなエラーが生じて、内臓等のパーツに不具合が生じます。また、実生活上において遭遇する数えきれない縁によって、各種の病原菌に感染することもあります。薬や手術で治癒できる病気もありますが、最後はどうしてもこれに勝つことはできません。

④死を迎える苦しみ

誰も代わってはくれない、一人で逝く死出の旅。生きとし生ける者が最も恐れているものが死の恐怖です。ただ、死の瞬間における苦しみというものは全くないか、比較的軽いものかもしれない、と私は想像しています。自分の知らないうちに息を引き取る、というのが普通だと思います。むしろ、死を強く意識させられる時が一番苦しいのではないでしょうか。たとえば、癌などの不治の病を宣告され、余命何カ月と言われた時などです。なかなか受け入れ難い苦しみです。

余談ですが、私の同級生が六十九歳の時、癌を宣告され、余命二カ月と言われました。真宗大谷派のお寺の住職で、最高位の輪番を務め上げた人でした。さぞや悲嘆憔悴しているのではないかと思って病院の個室に見舞いに行くと、ベッドの上に平然として座っている。「嘘だろう?」と言うと「いや、本当だ」と言って、医師の診断結果を具体的に説明しながら穏やかに笑っていました。さすが、お寺の坊さんだけあるな、と思ったものでした。生死を超えた心境というのは、こういうものなのでしょうか。その後彼は、自坊に一旦帰り、門徒の方たちにお別れの挨拶をし、宣告を受けてから二カ月後に亡くなりました。

八苦とは、この四苦に次の四苦を加えたものです。

①愛する人と別れる苦しみ（愛別離苦）

会者定離と言って、会う者は必ず離れる運命にあるのです。生き別れ、死に別れ、何れも愛が強ければ強いほどその苦しみも強くなります。

②憎しみ合う人と会わねばならない苦しみ（怨憎会苦）

人間はそれぞれに煩わしい人間関係をうまく処理して生活していますが、それに伴う苦しみは千差万別でありましょう。最近は、パワハラ、セクハラなどで声を大にして訴えるケースが増えていますが、それも氷山の一角かもしれません。家庭内離婚や遺産相続などをめぐって骨肉相食むという関係になりますと、苦痛の極みではないでしょうか。

③求めても得ることができない苦しみ（求不得苦）

物心ともに満足することを知らない現代人の大半はこれかもしれません。考えようによっては、これがすべての苦の原因ともいえるのではないでしょうか。欲を少なくして満足することを心がけよ（少欲知足）と仏教では教えていますが、物が氾濫する世に生きる現代人にとっては、至難の業であります。

④自分の体が思うようにならない苦しみ（五蘊盛苦）

酒やたばこを止めたくても止められない。愛欲の淵に沈みゆくわが身を知りながらどうにもできない。五蘊というのは、五つの集合体、即ち、色（物質及び肉体）、受（感受作用）、想（表象作用）、行（意志・記憶）、識（認識作用・意識）のことを言います。我が身でありながら自分の意志でコントロールできない苦しみです。

この他に三苦というものもあります。苦苦、壊苦、行苦の三つです。

①苦苦

苦が二つ並びますが、上の苦は、暑い、寒い、渇き、空腹などの苦で、対処の仕方で何とか免れ、あるいは解消することができる苦です。下の苦は、これが最も厄介で、自分ではどうすることもできないで、一生背負っていかなければならない苦です。生まれながらに障害のある場合は勿論のこと、もう少し鼻が高ければ、目がもっと大きくパッチリとしていれば、背があと五センチ高ければ、など、悩みは尽きないと思いますが、そういうような、自分では解決できない苦を言います。生老病死もこの苦です。

②壊苦

せっかく作った物が壊れていく。物だけでなく、平穏な生活が壊される。苦労して築いた地位や名誉が壊される。そういう苦しみです。

③行苦

全てが移ろい、流れ往く苦しみです。雨の日もあれば風の日もある。灼熱の太陽に曝されたり、寒波に身の置きどころもなく震えるときもあります。秋の落ち葉を見て感じるもの悲しい想い、物の哀れ、自然環境の無常を味わう苦しみです。

これらの苦の原因は何でしょうか。これが四聖諦の第二に掲げる「集」です。苦と訳されたサンスクリット語の「ドッカ」の語義は、「思い通りにならない」ということです。思い通りにならないものを、思い通りにしたいと思うところに苦の根源があると言われます。つまり、「普遍的な法則」と「自分の思い」との間に生じる矛盾が苦しみを生み出すのであります。「自分の思い」とは、自己中心的な考え（エゴ）や渇愛・執着から生じる「煩悩」であります。これは、サンスクリット語のクレーシャ（klesa）を中国で「煩悩」「惑」と訳されたもので、「心の汚れ」「迷い」「惑う」という意味があるそうです。

煩悩とは、読んで字のごとく、煩わしく悩ましい心の在り方ですが、それが人間には百八あるいは八万四千あるとも言われています。その中で根本的な煩悩は、貪欲《とんよく》、瞋恚《しんに》、愚痴《ぐち》、慢、疑、悪見の六つです。そして最初の三つが最も強い煩悩であることから、これを三毒とか三塗《さんず》と言っています。「三途の川」の三途ではなく、「塗る」という字です。

昔の土壁は、最初に目の粗い粗壁を塗り、次いですこし目の細かい土で中塗りをします。そして最後に漆喰などで上塗りをします。このように三層（貪・瞋・痴）の壁で塗られた土蔵の中は真っ暗です。光を全く通さない、つまり無明ということなのです。無明ということは智慧がないということ。これが根底にあって強くはたらいているから、貪欲、瞋恚、愚痴という三つの煩悩を三塗と言うのです。

①貪欲
物に対する異常な執着、欲望、愛着という心のはたらきです。いくら持っていても、これで満足ということを知らない。地獄、餓鬼、畜生を三悪趣と言いますが、この貪欲を餓鬼の姿であると言います。

②瞋恚
何時も怒り狂っている状態を言います。自己中心の心（エゴ）が強く、思い通りにならないことに対する憤りを抑えることができずに、何時も不満を抱えて怒っているので

す。この心の状態を地獄の境地と言います。この怒りの凄まじさについて、仏典に次のような話があるそうです。

ある家の嫁が姑に理不尽な言葉を浴びせられ叱られた。嫁は憤りを抑えきれず、納屋にいた羊に火が付いた薪を投げつけた。その火は羊の毛に燃え移った。驚いた羊は納屋に積み上げられた枯れ草のなかに飛び込んだ。当然のこと、枯れ草は激しく燃え盛り、あっという間に納屋は火事となった。飛び散る火の粉は母屋に、さらに隣家に飛んでゆき、数十軒の家が延焼した。その火の手はさらに隣村の多くの家を焼き尽くした。さらに火の手は隣国にまでおよび、王家の象舎に燃え移った。おびえた象たちは暴れだし、町中が混乱してしまった。これをきっかけにして隣国と嫁の住む国が戦をする羽目になった。

(田上太秀『仏教の真実』百三十一ページ)

この話のように些細な怒りに端を発して国同士の戦争にまで発展したというケースは、

実際の世界史のなかでも少なくないのではないでしょうか。

③愚痴

別名「無明」とも言われ、愚かなこと、智慧がないということです。物の道理が分からない。先が見えず、目の前のことしか分からない。したがって、何時も不安で落ち着きがないから畜生と同じだと言うのです。全ての煩悩はここから起こる、とも言われます。

④慢

自分は他人よりも優れていると思うことです。家柄、才能、財産などに優越感を常に懐いているのです。また、自分より優れている者に対して、自分も彼と同等であると思い込むことなどです。心の驕りです。

⑤疑

縁起の法、阿弥陀仏の本願力など仏教の教えを疑うことです。

⑥悪見

先入観、邪見、勝手な思い込みなどの過った見解を言います。

このような煩悩に伴う苦を滅却するにはどうすればよいか。理屈から言えば、煩悩を無くせば必然的に苦も無くなります。煩悩のはたらかない境地を涅槃、解脱、無漏と言います。

①涅槃

サンスクリット語のニルバーナ（nirvana）で、語義は、（煩悩の）火を吹き消す、消滅するということだと言います。煩悩を断じた絶対的な静寂の境地。無風状態の海面を船乗りはカーム（calm）と呼びますが、水面が鏡のようになって、漣一つ無い静まりかえった海のことです。脳波が水平の状態になれば、これを「脳死」と呼ぶのかもしれませんが、心のはたらきがこれに近い状態になることではないでしょうか。

②解脱

サンスクリット語のビムクティ（vimukti）で、煩悩の束縛から離れて、自由の境地に達することです。悟ること。涅槃の境地と同じです。六道輪廻の世界からスピンアウトすることです。良くもなければ悪くもない。「ナントモナイ」世界だと言います。

③無漏

感情が外に漏れないことで、涅槃の境地、解脱と同じです。多くの男性はきれいな女性やセクシーな女性を見ると、心穏やかでなくなり、つい顔や態度に表れます。これを「有漏」と言います。心の奥から漏れてくるものがあるのです。中国の善導和尚（613－681）や法然上人（1133－1212）などは、絶対に女性の顔を見ないようにしていたと言いますから、無漏の境地にはなれなかったのでしょうか。

このような境地に達することが、仏教の最終目標なのであります。これが三番目の聖諦である「滅」なのです。これについて釈尊は、一定の実践徳目に従って正しく修行すれば、必ずこのような境地に達することができる、と教えています。それが次に掲げる「道」という聖諦です。これには次の八つの実践徳目が示されています。これを「八聖道」と言います。

①正見：あるがままの世界を正しく見る。自然現象や世の中の事象を観察して、その因果関係を正しく把握すること。
②正思：正しい考え。煩悩が起こることを抑制するよう常に心がけること。
③正語：正しい言葉。穏やかで優しい言葉づかいで人に接し、間違ったことを言わないこと。
④正業：正しい行い。諸々の悪行をせず、善行に努めること。
⑤正命：正しい生活。規則正しい生活を営むこと。
⑥正精進：正しい努力。悪行への誘惑に負けないよう努力すること。

⑦正念　‥正しい記憶・思念・注意力。我が身と環境について学びよく憶えておくこと。

⑧正定　‥瞑想・禅定・精神統一。心を集中し雑念をなくすこと。涅槃。

釈尊は、この順序に従って修行すれば、必ず苦の根源である煩悩を滅却して、誰でも悟りを開くことができる、と言うのです。

以上、極めて大雑把な説明ですが、釈尊の悟りの原点というものは、大体こういうところではないでしょうか。釈尊の没後五百年して興った大乗仏教では、膨大な経典が存在するそうですが、何れも「如是我聞」（私はこのように聞きました）という言葉で始まっていて、「釈尊が実際にこのように仰いました」とは書いていないようです。従いまして、お経の作者が釈尊の教えをどのように理解したかが、その内容になっていますから、必ずしも全てが釈尊の真意を述べているとは限らないと言われています。このため、宗派によって採用する経典が異なるのです。浄土真宗の経典は、「無量寿経」「観無量寿経」「阿弥陀経」の三つであります。これを「浄土三部経」と言います。この中でも「無量寿経」を真とし、「観無量寿経」を仮とし、「阿弥陀経」を偽としています。しかし、仮とし、また偽とするも、何れも「無量寿経」の真意を伝えるための方便として尊重されるべきものであると思います。ただ、学者の間では、「無量寿経」も大乗仏教で創作されたものであるから、偽経であると言われていますが、「如是我聞」の内容が、釈尊の教えに矛盾することなく、仏教の教えが正しく説かれているのであれば、全く問題にする必要はないと思います。

三、仏教と科学は切り離せない

釈尊は、まず物事を「正しく見る」ことが最も大事だと説いています。つまり、あるがままの事実を、偏見や妄想を加えないで観察すること。それによってあらゆる自然現象や世の中の出来事を見るとき、そこに一定の法則があって、物事はすべてこれに従っていることが知らされるのです。この釈尊の着想を証明することとなったのが、中世から近代にかけて発達した科学的思考によって一つ一つ導き出された物理学的法則であった、と言えるのではないかと思います。リンゴが木から落ちるのを見て、アイザック・ニュートン（1642－1727）は万有引力の着想を得たと言われます。この話が事実かどうかは別として、このようなことを縁として研究を重ねた結果であろうと思います。また、ニコラウス・コペルニクス（1473－1543）は、肉眼による天体の観測により、それまでの天動説（地球中心宇宙説）を覆し、地動説（太陽中心宇宙説）を唱えたことも周知の事実です。

いわゆる「コペルニクス的転回」と言われるもので、このような自然の営みが我々に示している普遍的な真理に気付くことが、仏教を理解する上において最も重要ではないかと思われます。親鸞聖人が「如来から賜った信心」と言われたことは、まさにこのことだと私は思っております。ただ、親鸞聖人がそのことを本当に納得されたのは、常陸の国から京都に帰られて以降のことではないかと思われます。

親鸞聖人は、一二〇七（承元元）年三十五歳の時、後鳥羽上皇による念仏弾圧により越後に流され、四年後に赦免となりましたが、京都へは帰らず、何故か関東は常陸の国へ行って伝道布教に努め、六十歳ころ京都に戻られています。その生涯を推測する資料は極めて少ないそうですが、僅かに残された妻恵信尼（1182－1268）の手紙にその手掛りとなるものが認められています。その手紙によれば、

「三部経」、げにげにしく、千部読まんと候いし事は、信蓮房の四の歳、武蔵の国やらん、上野の国やらん、佐貫と申す所にて、読みはじめて、四五日ばかりありて、思いかえして読ませたまわで、常陸へはおわしまして候いしなり。

（『真宗聖典』六百二十ページ）

との記述があります。これは、佐貫という地ではかつて水害や疫病などで多くの人が亡くなっていたことから、その慰霊のために行おうとしたものと言われています。常陸の国で浄土真宗の布教を目論んでいたのだと思いますが、当時妻帯を禁じられていた僧侶（親鸞聖人自身は、自らを「僧に非ず、俗に非ず」と言っておられますが、一般の人から見れば僧侶です）が、妻子を連れて回っての布教に、誰も耳を傾けてくれないのではないか。民衆に強く訴えるカリスマ性というか、何か人々が畏れ入るような佳話がなくてはとても叶わぬことではないか。ふと、そういう不安に駆られてそれを思いついたのではないか、と私は推測しています。もとより、浄土真宗は霊魂の存在を認めておりませんから、死者の霊を慰めるということはしないはずですが、そこに親鸞聖人の迷いと苦悩の一端が見て取れるような気がしています。しかし、京都に帰られて以降の晩年には、自然法爾、即ち、一切の存在は自ずから然るべく真理に適っている、ということを述べておられます。

親鸞聖人の時代には、まだ科学という言葉さえなかったと思われますが、自然法爾とは、まさに科学的思考から導き出されたものであります。ところが、真宗のお寺の法話では、このことをはっきり言わないのです。仏教と科学は別だと。これは、親鸞の再来とも言われました清沢満之（1863－1903）の次の言葉に強く影響されているものと思われます。

今日は科学が隆盛と言われる。そのとおりで、昔とくらべれば一目瞭然である。このことには我々も異論はない。ところがこの科学の隆盛とともに、また世間に一つの謬見をもつ者が生じるのは、我々が警戒しなければならないことである。科学心酔者とでもいうべき人々の言論がそれである。この心酔者は、科学的知識の進歩が確実なのに驚倒して、この科学的知識は独力で宇宙の根底を検査し万物転化の実際をきわめるにたるものと妄信して、一にも科学、二にも科学と、一切の事件をことごとく科学の管轄下におくことを欲する。すなわち、哲学を科学的にし、宗教を科学的にし、世界を科学的にすべきである、という。（中略）科学の皮相に幻惑されて、その表面のまぶしい光輝だけをとってきていっさいを塗飾しようとする。

（清沢満之『精神主義ほか』十五ページ）

清沢満之の主張も一理あると思いますが、彼は、科学的思考と、科学技術の急速な進展に振り回される人間の有り様とを混同して論じられているのではないかと思われます。前記論文の中で彼は、「科学の信奉者はこの宇宙のことは全て科学で解決できそうなことをいうが、地獄極楽や輪廻の問題を科学はどのように解決するのか。これらは宗教的に解決すべき問題である」というような趣旨も述べておられます。唯物論か唯心論かの問題のようにも受け取れますが、釈尊は、何事も右か左か、どちらか一方の極端に固執することを強く戒めています。既に述べましたように、苦の根源は「思い通りにならないこと」だと言いましたが、言いかえるならば、それは物質のはたらきと精神との矛盾にあるのです。ですから、その両方についての真実を明らかにしなければ、「諸行無常」も「諸法無我」も理解が難しいのです。一般に仏教が難解であると思われているのは、彼のような精神主義に重きを置いてきたことが原因ではないかと、私は考えています（地獄極楽や輪廻のことは後で述べますが、ここでも彼は信心と信仰とを混同して考えておられるふしが窺えます）。

真宗の経典である仏説無量寿経には、

第十七願（諸仏称揚の願）　もしわれ仏を得たらんに、十方世界の無量の諸仏、ことごとく咨嗟して、わが名を称せずんば、正覚を取らじ。

【現代語訳】

たとえわたしは仏となることを得ても、もし十方世界のかぎりなき仏たちが、ことごとく讃嘆して、わが名を称しなかったならば、わたしは正覚をとらぬ。

（増谷文雄『無量寿経講話』百七十九ページ）

とあります。「咨嗟《ししゃ》」とは「讃嘆」ということ。十方世界の諸仏が阿弥陀仏をほめ讃えることでありますが、平たく言えば、この宇宙の全ての者が「あなたの仰ることは全くそのとおりで、疑いの余地がありません」と言わないのであれば私は仏にならない、と言っているのであります。「全くそのとおりで疑いの余地がありません」ということは、「大宇宙の普遍的真理の法」に目覚めたということなのです。「普遍的真理の法」とは、全ての時間と空間に通用する法則、と言うことができます。地球では通用するが火星では通用しない、というようなものではないのです。現在は通用するが過去若しくは未来においては通用しない、というようなものでもないし、また、全く同じ方法・条件のもとで、私がやったらできるが、あなたがやったらできない、というものでもないのです。このように、「普遍的真理の法」と言えるものが、ここで言うところの「仏」なのです。これは、この宇宙に存在する全てのものに内在する、目に見えない「はたらき」であります。

「仏」とは、中村元（１９１２－１９９９）著『仏教語大辞典』（縮刷版）では、「普通はBuddhaの音写とされているが、おそらく中央アジアの言語but か bot と発音されていたものを音写したものであろう」とし、その意味は、「さとれる者」「（真理に）目覚めた人」「完全な人格者」等と記載されています。これによれば、仏は「人」がなるものとしていますが、私はそれだけではない、と思います。一般的に、「仏」と「仏陀」を同一視していますが、「仏陀」は釈尊という「生身の人」のことであり、「仏」と言えば、仏説阿弥陀経にもあるように、東西南北上下の世界それぞれに、「恒河沙数諸仏」、つまり、インダス川の砂の数ほどの「仏」がおられる、と言われていますから、これは、「擬人化された仏」であり、全ての物事の存在を根底から支えている「法」そのものの「はたらき」である、と私は考えています。

このような仏の概念の違いは、釈尊の直伝の教えをパーリ語に編纂した聖典を護持する部派仏教（小乗仏教：ヒーナヤーナ hinayana＝小さい乗り物。大乗仏教側から見た貶称でありますから、現在では使用されていません）と大乗仏教との考え方の違いからきているものと思われます。

大乗仏教（マハーヤーナ mahayana＝大きな乗り物）とは、釈尊の寂滅後約五百年を経てインド北西部のガンダーラ地方において勃興した「新たな仏教」です。そこで作成された「般若経」等の経典は膨大な数に上りますが、誰が創作したものか定かではありません。その中の「浄土三部経」（無量寿経・観無量寿経・阿弥陀経）は、何れも「仏説」と冠されてはいますが、厳密に言えば釈尊の直伝ではないのです。このことから、一部の学者は「大乗は仏教ではない」と言っていますが、基本的に釈尊の教えから外れているわけではありませんから、私は問題ないと思っています。ウィンドウズ95がウィンドウズ10にバージョンアップされても、ウィンドウズに変わりはないのと同じです。

この大乗仏教におきましては、第十七願にありますように、「十方世界の無量の諸仏」が存在しており、それらを統括する仏として阿弥陀仏や大日如来（盧舎那仏）等の仏を創造しているのです。何れも大宇宙を支配する大きな「力」、「法」、「はたらき」を象徴するものとして示されています。したがいまして、「十方世界の無量の諸仏」から賛同を得られないもの、即ち科学的な合理性・普遍性を欠いているものは、その力、法としてのはたらきを完全に発揮することはできませんから、仏になることはできない、と第十七願では言っているのであります。「これをこうしてああすれば必ずこうなる」というのが自然界の法則でありますが、具体的な事物についてその法則性を発見したとする主張に対して、誰か一人でも「それは違う」と言って反論し、それが立証されれば、その法則性は脆くも崩れるのです。

このことを端的に示す実例があります。二〇一四年一月二十九日、理化学研究所の若い女性研究者が「STAP細胞」という万能細胞を開発し、世界的に権威のあるイギリスの科学誌『ネイチャー』にその論文が掲載されたことが大きく報道されました。「この細胞を活用すれば、人間が若返ることも可能です」と、彼女は多くの記者の前で胸を張って説明しました。しかし、その後の経過はご存じのとおりで、世界中の研究者から「それは違う」という反論が噴出し、挙げ句の果てには彼女の論文の作成過程において不正があることが明らかとなり、『ネイチャー』誌掲載の論文をとり下げるという結末に至りました。要するに、十方世界の無量の諸仏にことごとく咨嗟されなかった「ＳＴＡＰ細胞」は成仏できない、つまり、それは普遍的真理とは認められないということになったのであります。

「諸法無我」という言葉があります。「諸行無常」「涅槃寂静」と共に言われる仏教の三法印の一つです。まだ記憶に新しいと思いますが、平成二十三年の東日本大震災の時の津波で、多くの人々が犠牲になりました。亡くなられた人の中には、仏教を信ずる人もいればキリスト教を信ずる人もいるし、いろんな経歴の持ち主がいたと思います。しかし、津波には、この人はいい人だからとか、こいつは悪い奴だからといったような差別は一切ありません。津波は無我ですから、重力と運動の法則に従って流れるだけで、依怙贔屓はしないのです。「諸法無我」とは、あらゆる法に我というものはない、ということですが、具体的に言えばこういうことでしょうか。アインシュタインは、「神はサイコロ遊びをしない」と言われたそうです。

自然界の法則性すなわち普遍的真理に目覚めよ、というのがこの第十七願の趣旨である、と私は受け止めております。親鸞聖人の著書『顕浄土真実教行証文類（教行信証）』

の「顕浄土真実教文類一」（教の巻）の冒頭に、

それ真実の教をあらわさば、すなわち大無量寿経これなり

（『真宗聖典』百五十二ページ）

とあるのは、この第十七願があるからだ、と親鸞聖人は教えておられるのではないかとさえ私には思えるのです。

「薔薇の木に薔薇の花咲く。なにごとの不思議なけれど」（北原白秋）という歌もありますように、その真理に気付くならば、「仏法多子なし」（仏法なんて、何のわけもないことだ）と、臨済禅師（？－８６７）が大悟した時に言ったそうであります。とは言うものの、「梅の木に梅の花咲く理《ことわり》をまことに知るはたやすからず」（岡本かの子）という歌もある（秋月龍珉『「正法眼蔵」を読む』百十七ページ）ように、その理を知ることは、そうたやすいものではないでしょう。

この目に見えない普遍的真理の「はたらき」を如来といい、また、「他力」とか「本願

力」というのであると私は考えております。それを私たちにビビーッと感じさせるもの、それを「如来回向」と言うのではないでしょうか。

「これ」があると、「かれ」がある。つまり、この世界は、他の力、他力という無量の縁が和合することによって成り立っているものである、と釈尊は教えているのであります。よく「生かされている」ということを言います。しかし、多くの人は、その実感がないと言います。ほとんどの人は、「自分の力で生きている」と思っているのです。「自分」が一所懸命働いて得たお金で生活し、食べていっているのだ、と考えております。そういう人には、この世界の真実が見えていないのです。

たとえば、私は今机の前で椅子に座りパソコンのキーを叩いています。ここにこうして座っておれるのは、地球の重力があるからです。普通に生活していると、重力を意識することはあまりありませんが、宇宙飛行士が地球に帰ってきたときに、それが痛いほど実感されるそうです。その重力は私が作ったものではありません。椅子が私の体を支えていますが、その椅子も私が作ったものではありません。寒さをしのぐため今着ている衣服だってそうです。家には屋根があり、お陰で雨や雪に濡れることもなく、また、その屋根をじっと支えている柱があります。それらも皆私が造ったものではありません。私の椅子は、一部鉄という金属で作られています。この鉄という素材について時間を遡ってみるとどうなるでしょうか。販売店から我が家まで運んだ人がいる。販売店に納入した製造会社がある。製造会社で加工した者がいる。素材を作った製鉄所があり、溶鉱炉があり、鉄鉱石があり、それを運搬したトラックがあり、海外から運搬した船があり、港があり、鉱山があり、採掘する機械があり、鉄の原子としてそこに眠っていた何億年という時間がある。もっと細かくいえば、無限に続く連鎖というか、無限に関与する縁によって全てのものは成り立っている、と言えるのです。単純に椅子一つを取りあげても、このように量り知れない人の手が係わっていることが分かります。このことを仏教では「衆縁和合」と言います。「衆」とは、「多くの」という意味です。このことから、全てのものはそれ自体によって存在しているのではないのです。難しく言えば、これを「空」と言うそうですが、自分の力だけでできるものは何一つない、全ては「他力」なのです。

「空」という言葉が出たついでに、これについて少し述べてみたいと思います。一般によく知られている言葉に「色即是空」「空即是色」という言葉があります。「色は即ち空であり、空は即ち色である」と言うのです。これは、般若心経の初めの部分に出てくる語句でありまして、当代日本を代表する生命科学者にして歌人でもある柳澤桂子著『生きて死ぬ智慧』という本に次のように訳されています。

宇宙では
形という固定したものはありません
実体がないのです
宇宙は粒子に満ちています
粒子は自由に動き回って　形を変えて
お互いの関係の
安定したところで静止します

（中略）
いいかえれば物質的な存在を

私たちは現象としてとらえているのですが
現象というものは
時々刻々変化するものであって
変化しない実体というものはありません
実体がないからこそ　形をつくれるのです
実体がなくて　変化するからこそ
物質であることができるのです

（六〜七ページ）

これを具体的に言えばどういうことかと言いますと、たとえば、現代の多くの人は自動車というものを所有していますが、「自動車」という固定した物体というものは存在しないというのです。自動車は、大きく分ければ車体とエンジンとタイヤからできていますが、エンジンが欠けるともはや「自動車」とは言えません。そのエンジンも、シリンダー、ピストン、クランク、吸排気弁、その他数え切れない程多くの部品によってできています。

そのどれか一つが欠けてもエンジンとしての機能を発揮することはできません。ですから「エンジン」という不動の実体はないというのです。また、多くの部品は鉄でできていますが、「鉄」という実体もないというのです。鉄の原子は、一定の中性子・陽子と電子とからできていますが、それも分解していくと、素粒子の集まりであることが分かっています。素粒子は、もはやこれ以上分解することはできないと言われていますが、最近の研究で分かったことは、これは一つの固定した物質ではなく、「渦」のようなものだというのです。鳴門海峡の渦のようなもので、渦と言える部分とそうではないと言えるところとの境界がはっきりしないそうなのです。しかも、その渦は真空中のエネルギーとの関係で、瞬時に消えたり現れたりしていると言います。アインシュタインは、「仏教は、物理学と矛盾しない」と言われたそうですが、彼の相対性理論で有名な方程式、

$$E = mc^2$$

エネルギー＝物質（質量）×光の速度の二乗

は、この「空即是色」ということを表していると言えるのではないでしょうか。さらに、この方程式は、次のように表すこともできます。

$m = E/c^2$

物質（質量）（色）＝エネルギー（空）／光の速度の二乗（空）

つまり、物質は、エネルギーや光の速度といったような、実体のない単なる「情報」即ち「空」によって構成されている、と言うことができるのです。まさに「色は即ち空であり、空は即ち色である」という般若心経の教えが、現代物理学によって証明されたことになります。ですから、「(形のあるもの）いいかえれば物質的な存在を　私たちは現象としてとらえているのですが　現象というものは　時々刻々変化するものであって　変化しない実体というものはありません」と、柳澤桂子氏は言っているのであります。現代物理学の成果として、素粒子の渦の実体は、単なる「情報」だけであると考えられているようです。「空」即ち「情報」であるが故に「諸行無常」なのです。「諸行無常」の根源を辿れば

「他力」、「他力」の根源を辿れば「空」に行き着くのではないか、と私は考えています。

このようなことから考えますと、清沢満之の言われる「精神主義」だけで、仏教の本質を理解することは難しいと思いますが、だからと言って、私は科学的思考だけが万能だとも思っていません。二者択一の問題ではなく、両者一体として考えるべきであると思います。深い悲しみの淵にある者に対しては、科学的思考の理屈だけで癒やされることはないでしょう。宗教というものは、そういう人たちの心にどれだけ寄り添っていけるか、が大切でありまして、それを見失ってしまうとその存在価値がない、と私は思います。ただ、その寄り添い方において、科学的思考を全く無視していては、その人が阿弥陀仏の真実に遇う（気付く）ことはできないのではないか、と私は考えています。

四、往生は無条件ではない

「仏教は分からんでも良い、感ずるものだ」とよく言います。「知性」よりも「感性」だと。理屈で分かろうとしても分かるものではないと言うのです。しかし、宗教は信心が大事だとも言います。信心とは、心の底から納得することだと私は思っています。納得できないものを信じろと言われましても、それは無理でしょう。情報化時代に育った者には、「何故そうなるのか」が理解できなければ、信心というものは起こらないのではないでしょうか。親鸞聖人の言葉を収録したとされる『歎異抄』の第一条には、

弥陀の誓願不思議にたすけられまいらせて、往生をばとぐるなりと信じて念仏もうさんとおもいたつこころのおこるとき、即ち摂取不捨の利益にあずけしめたまうなり。弥陀の本願には老少善悪のひとをえらばれず。ただ信心を要とするとしるべし。

（『真宗聖典』六百二十六ページ。傍線は筆者。以下同）

とあります。「往生」とは、往きて生まれると書きますが、何処に往くのかと言いますと、「彼岸」です。「彼岸」とは「智慧」の世界です。般若心経の初めの方に「般若波羅密多」という語句がありますが、「般若」とは「智慧」、つまり、真理を認識し、悟りを開くはたらきで、「波羅密多」とは、「往く」又は「完成」という意味です。「智慧」の世界に「往く」ということは、阿弥陀仏の世界、即ち「極楽浄土」に生まれる、ということになります。そのための条件として「信心を要とす」、と言われているのです。また、無量寿経には、

第十八願（念仏往生の願）もしわれ仏を得たらんに、十方の衆生、至心に信楽して、わが国に生ぜんと欲し、乃至十念せんに、もし生ぜずば正覚を取らじ。ただ、五逆と正法を誹謗するを除く。

【現代語訳】

たとえわたしは仏になることを得ても、もし十方の衆生が、心をこめて信心歓喜し、我が浄土に往生しようと思い、念仏することわずか十念のものまでが、もし往生できぬものであったならば、わたしは正覚をとらない。ただし、五逆を犯せるものと、正法を誹謗するものとを除く。

（増谷文雄、同前、百七十九ページ）

とあって、至心に信楽して、つまり「信心」が前提となっています。阿弥陀仏は無条件に衆生を救いとると、説教では言います。たしかにそのとおりではありますが、そのことに気付くこと、目覚めること、納得することが信心でありますから、我々が救われるかどうかは、無条件ではないのです。信心がなければ、往生を遂げるということはないのです。「ただ、五逆と正法を誹謗するを除く」と、はっきりただし書きが付いているのです。しかし、これについての僧侶や仏教学者の説明は、極めて曖昧なのです。「五逆と正しい法をそしることのないよう、くれぐれも気を付けよ、という意味」というのが定説のようでありますが、これはいかにも苦しい解釈だと私は思います。

これは、口称念仏を唱導した中国浄土宗の高僧善導和尚の説を踏襲したものと思われます。口称念仏とは、信心とは関係なく口で「南無阿弥陀仏」と称えるだけで救われるというのです。善導和尚の生きた時代は、戦争の絶え間がなく、経済も大いに疲弊し、明日の我が身がどうなるかも分からない時代でしたから、死の不安に怯える民衆を取り敢えず安心させるため、とにかく「空念仏」でも良いから、念仏を称えさえすれば極楽に往生ができる、と勧めていたものと思われます。善導和尚に心酔し、その教えをそっくり受け継いだと言われるわが国浄土宗の開祖、法然上人が生きた時代も、やはり同じような世相であったと思われます。もともと浄土宗というものは、このような世相を背景として興されたものではないか、と推測しています。

しかし、現在の情報化社会においては、このような「空念仏でも救われる」ということを本当に信じる人がいるとは思えません。

往生するとか救われるとかいうのは、弥陀の誓願不思議に疑いのないこと、つまり、「よく分かりました、全くあなたの言うとおりです、反論の余地はありません」と、この世界の真実に納得した状態を言うのでありまして、このことに納得しないままで救われるということはあり得ないのではないか、と私は考えています。

疑い深い現代人を納得させるためには、「何故そうなのか」を合理的に説明する必要があると思いますが、そのような努力がこれまで為されていなかったように思われます。たしかに、高邁な説を唱え、学術的にも高く評価されている高僧や学者は、明治以降も多く輩出されていますが、その説があまり学のない私たちに理解できないものであるならば、猫に小判、豚に真珠と同じではないかと思います。

仏の側から見れば、全ての人は平等に救われているのです。しかし、多くの人はそのことに気付かない、気付かせてもらう縁に遇えていないのです。その理が分からないから、常に迷い、疑いが晴れないのです。そういう状態で救われたとか往生したとかいうことはないのだ、ということを、既に述べました第十七願及び第十八願の真意として、親鸞聖人は述べておられるのではないでしょうか。

「信仰」という言葉がありますが、「信心」とどう違うのでしょうか。その人に権威とか強烈なカリスマ性とかがある場合に、私たちはその「権威」とか「カリスマ性」に目が眩んで易々と信じてしまう傾向があります。「よくは分からないけれど、大学の偉い教授が言うことだから本当でしょう」と。「信仰」というのはこういう性質のものだと思います。ですから、仏教を「信仰」するということは、仏陀や開祖の権威やカリスマ性とか無謬性を前提として、「理屈抜きで信じる」ということでしょう。仏教を「信じる」ということは、仏陀や開祖の教えをよく理解し、疑いの余地がないと確信することですから、「信仰」というものとは本質的に異なるものだ、と私は思います。しかしながら、初めから全てを理解することは無理でありますから、まず、信仰（＝菩提心）ということがあって、それから聞法に精進することによって徐々に信心が固まるという形になっていくのが普通ではないかと思います。ですから、「信仰」というのは、一応信じてはいるがまだ全てを納得しているわけではない状態、とでも言うのでしょうか。こういう信仰は、悟りを求めて精進するという菩提心を伴ったものと考えられますから、大いに推奨されるべきでしょう。しかし、多くの場合、自分の期待するとおりに物事が展開するよう、極めて自分勝手な御利益を信じてする信仰ではないかと思います。

キリスト教においても、「信じる者は救われる」と言います。しかし、偉大なイエスの権威とカリスマ性を以てしても、現代人が聖書に書かれていることをそのまま信じることは、かなり無理があると思われます。それでも、デンマークの宗教思想家セーレン・キルケゴール（1813―1855）は、「不合理故に私は（キリスト教を）信仰する」と言われたそうです。「主体性こそ真理である」という思想を提唱した哲学者だそうですから、理屈で信仰するというものではない、ということなのでしょう。これに対して、アインシュタインは、「私が十二歳の時の知識でもって考えても、聖書に書かれていることは全く不合理である、ということが分かった。しかし、仏教は、物理学の理論と矛盾しない」というようなことを言っているそうです。私としましては、「信心」は、やはり、物理学的な合理性にも裏打ちされた納得、というものでなければならないと思っています。

では、仏教の何を納得するのかが、次に問題となります。それは先程申しました『歎異抄』の冒頭にあります「弥陀の誓願不思議にたすけられまいらせて、往生をばとぐる」ということであります。「誓願」というのは「本願」のことです。その「本願」とは何でしょうか。「本願」とは「他力」のことです。「他力」とは読んで字の如く他の力、即ち「自力ではない」「自分の力ではない」ということです。ここで言う「力」というのは「はたらき」とか「作用」という意味です。清沢満之は、このことを「絶対無限の妙用《みょうゆう》に乗託して」と表現しています。「絶対無限」というのは、大宇宙を支配する絶対的な法則というようなもので、大乗仏教において考え出された阿弥陀仏のことだと思います。他力の根源とでもいうようなものでしょう。

「スピリチュアリティー」という言葉があります。「霊性」とか「精霊」というふうに訳されていますが、私は他力のことだと思っています。宗教、特に真宗では、この「スピリチュアリティー」即ち「他力」を感知すること、その存在に納得することが重要だと私は思っています。「霊」という字には、いわゆるオカルト的なもの、超自然的なイメージがあると思われますが、仏教にはそういう考え方はありません。そういうことを言う仏教の宗派もありますが、少なくとも真宗ではそういうことは言いません。

加持祈禱などの宗教的儀式を行うのは、物理学的因果の法則を無視して、自分の思い通りの結果を現出しようとするためでしょうが、そのことによって思い通りの結果になることはあり得ないのです。何万分の一、何十万分の一の確率で、たまたま期待する結果が実現したとしても、祈禱したことと実現した結果との間に因果関係はないのです。しかし、それを祈禱の御利益だと大げさに宣伝し、それに迷わされる人が多いのも事実です。冷静に考えれば、そういうことはあり得ないのだ、ということは誰でも知っているはずなのですが、人間というものは厄介なもので、どうしても自分の都合の良いように考えてしまうのです。科学的根拠のない、いわゆる「物忌み」をしない、というのも真宗の特徴であります。また、大安吉日とかのいわゆる「縁起を担ぐ」ことや「身の浄不浄」を言わないのです。

この世界の実相をよく見れば、全ては因果の法則によって移り行き、流れ行くもので、常というものはない。これを諸行無常と言います。鎌倉時代の軍記『平家物語』の冒頭において、

祇園精舎の鐘の声、諸行無常の響きあり。沙羅双樹の花の色、盛者必衰のことはりをあらはす。おごれる人も久しからず、只春の夜の夢のごとし。猛き者も遂にはほろびぬ、偏に風の前の塵に同じ。

という有名な文章があります。諸行無常という言葉があるこの作品の作者は、明らかに仏教の影響を受けていることが窺えます。昔は誰かが亡くなると、お寺の鐘を撞いて知らせていたのです。その物悲しい響きに、人々は諸行無常なることを感じ取っていたものと思われます。因みに、「祇園精舎」というのはお寺のことです。「祇園」というのは、祇樹《ぎじゅ》給孤独園《ぎっこどくおん》の略で、古代インドのコーサラ国の舎衛城の郊外に、給孤独（本名須達多）長者が祇陀太子の樹林を釈尊のために黄金を敷き詰めて買い取り、ここに堂塔伽藍を建てたところからこう言われるそうです。

また、鎌倉前期の歌人鴨長明（１１５５－１２１６）も、『方丈記』という随筆を、諸行無常を表す次のような文章で書き始めています。

　行く川の流れは絶えずして、しかも本の水にあらず。よどみに浮かぶうたかたは、かつ消えかつ結びて久しくとどまることなし。世の中にある人とすみかと、またかくの如し。

鴨長明は、京都下鴨神社の禰宜の家に生まれ、のちに社司に推挙されたが実現せず、失意のうちに出家したと言われています。何れの作者も、諸行は無常であることは感知されていたわけでありますが、その背後にはたらく「普遍的な法則」までも感知していたかどうかは分かりません。

最近は、キリスト教信者でもないのに、教会で結婚式を挙げるカップルが増えています。結婚指輪を交換しながらお互いに永遠の愛を誓います。キリスト教徒は、この永遠の愛を神の前で誓ったが故に、離婚することが大変難しいと聞きます。日本の場合は本物の信者ではないから、形だけの誓いでしょうが、仏教的に言えば、「永遠の愛を誓う」ということには大きな無理があるのです。物質であろうが精神であろうが、永遠に不変というものはないと考えるからです。

長嶋茂雄選手が引退の際に、「巨人軍は永久に不滅です」と言いました。長嶋ファンや巨人ファンには叱られるかもしれませんが、そんなことはあり得ないのであります。何があるか先のことは分かりませんから、そのように断言することはできません。しかし、そういうことを真顔で断言するところに、彼の人気の秘密があるのかもしれません。また、中高年のアイドルと自称する綾小路きみまろの漫談で、「あれから四十年」というのがあります。熱々の恋愛で結婚した夫婦が四十年後にどうなっているかを演じて笑わせていますす。五年や十年では大した変化は感じないかもしれませんが、四十年も経てばさすがにその落差が大きいので、観客が爆笑するのです。止まない雨はないし、明けない夜もありません。人生においても、いいことばかりはないし、また、悪いことばかりもない。全ては紙一重の縁によって、片時も休みなく右になったり左になったりするのです。

ダイヤモンドや金は永遠に輝いている、と思っている人がいるかもしれませんが、これも人間が生きている間の時間で見た限りにおいてそうなのでありまして、何万年、何十億年という時間で見れば不変とは言えないと思います。極微の変化は人間の目では見えないのです。

親鸞聖人と同時代の人であります道元禅師（１２００−１２５３）は、『正法眼蔵』の中で次のように述べています。

自己を運びて万法を修証するを迷いとす。万法すすみて自己を修証するは悟りなり。

（秋月龍珉、同前、百十七ページ）

万法の顕現である自然現象を自分の考えで、「ああでもない。こうでもない」と言うのは迷いである、と言うのです。雷は、雲の上で雷神が大きな太鼓を打ち鳴らしているのではないか、大風は、風神が大きな袋から吹き出させているのではないか、などと考え、これを人間にとって望ましい方へ誘導しようとして祈禱やまじない等をあれこれ思案するのが迷いだ、と言うのです。自然現象をよく観察して、その背後にある法に気づき、それにわが身の処し方を合わせていくのが悟りというものだ、ということではないでしょうか。

「諸法実相」という言葉がありますが、江戸時代末期の篤農家二宮尊徳（1787―1856）は、そのことを思わせるような次の一句を残しています。

声もなく
香もなくつねに
あめつちは

書かざる経を
繰り返しつつ

自然現象の背後にあって決して目に触れることのない「法」即ち本願他力というものの存在を、我々に知らしめるため、あめつち（天地）に繰り返し繰り返しして展開している真実の相《すがた》に気付いてほしい、という願いが込められているように思えます。

仏教を信じるということは、この世界のあるがままの姿を素直に受け入れる、ということではないでしょうか。有るものは有る、無いものは無いのです。迷いに目が眩んで、有るものを無いとしたり、無いものを有るとしたりするところに厄介な問題が生じてくるのです。しかし、親鸞聖人は、それも人間の真実の姿であるから、そのことを深く自覚し、そのような我が身であるにもかかわらず、大宇宙の見えない大きな力、即ち阿弥陀仏によって生かされていることに感謝し、慚愧《ざんき》と懺悔《さんげ》の念を常に持して、一日一日を大切に生きることが最も大事だ、と教えています。念仏の生活とは、こういうことを言っているのでありまして、これが信心決定の姿、即ち往生の条件なのだ、と私は考えています。蓮如上人（1415－1499）は、このことを「御恩報尽の念仏とこころうべきなり」と言っておられます。

念仏とは、仏を憶念すること、仏を具体的なイメージとして把握すること、でありますが、その方法を、「観無量寿経」（以下「観経」と言う）の「王舎城の悲劇」という物語を通じて私たちに教えています。

五、王舎城の悲劇が教えているものは何か

王舎城の悲劇といいますのは、観経の冒頭に記述されている、ある王族の物語でありま す。「涅槃経」にも関連した記述がありますが、併せてその概略をご紹介し、この物語が 私たちに教えているものは何か、を尋ねてみたいと思います。

【王舎城の悲劇】

釈尊が生存されていた頃のインド北部にマガダ国という比較的小さな王国がありました。国王の頻婆娑羅《びんばさら》とその妃韋提希《いだいけ》は、釈尊とも親しく熱心な仏教徒でしたが、子宝に恵まれないのが悩みの種でありました。二人は、占い師に見てもらったところ、「遠くの山中で修行中の仙人が、あと三年したら死んで王妃のお腹に身籠もり、王子として生まれ変わる」と告げられました。二人は大いに喜びましたが、二人の年齢を

考えますと三年も待てない、と思いました。それで国王は、家来を使ってその仙人を殺害してしまったのです。その際仙人は、「この恨みは必ず仕返ししてやるぞ」と言ったそうですが、予言したとおり、韋提希は身籠もりました。しかし、出産が近づいた頃になって彼女は、仙人の言葉を想い出して不安になり、我が子を殺そうとして、刀の刃を立てたところに高殿から産み落としました。ところが、その子は、小指を切っただけの軽い怪我でしたので、王子として元気に成長したのです。名前を阿闍世《あじゃせ》と言いました。

一方、釈尊の従兄弟に当たる提婆達多《だいばだった》という男がいまして、釈尊から仏教教団を乗っ取り自分のものにしようと企んでいました。彼は成長した阿闍世に出生の秘密を告げ、父を殺させて王位に就かせ、その力を借りようとしたのです。阿闍世は、提婆達多の言うことをすぐには信じようとしませんでしたが、彼に「その指の傷が証拠だ」と言われたことから、ついに父の殺害を決意し、父を城内の牢に幽閉してしまいました。直接手は下さず、食事を与えないで餓死させようとしたのです。

これを知った韋提希は深く悲しみ、何とかして夫を助けようとして、自分の体を洗い清めてこれに焼き麦の粉を塗り、身につけた瓔珞《ようらく》に葡萄酒などを入れて面会し、夫に与えていました。このため、何時まで経っても餓死しない父の様子に不審を抱いた阿闍世は、牢の番人から事情を聞いて母の行為を知り、激しく怒って今度は母をも殺害しようとしたのです。しかし、側近の大臣たちに諫められて、母殺しだけは断念しました。側近の大臣は阿闍世に、「王子が父を殺して王位を乗っ取ることは、昔から何処の国でもよくあることだが、母を殺した例はない。そういうことをする人は旃陀《せんだ》羅《ら》（サンスクリット語のcandalaチャンダーラ）になるので、私たちはあなたに仕えることはできません」と言ったのです。(註) それで母も城内の座敷牢に軟禁されることになりました。

完全に食を絶たれた頻婆娑羅王は餓死し、阿闍世は王位を継承しましたが、提婆達多の企みは失敗に終わり、逆に彼は釈尊の教団から追放されてしまいました。軟禁された韋提希は我が身の不幸を悲しみ、耆闍崛山《ぎしゃくっせん》で説法中の釈尊に助けを求めました。釈尊は直ちに目連と阿難を連れて、韋提希のもとに姿を現しました。韋提希は、釈尊たちの前で瓔珞を引き千切り、身を地に投じて号泣しながら、「私はこれまで何の罪があって、阿闍世のような悪い子を産んだのでしょうか。また、あなたは何の因縁があって提婆達多のような者と眷属（親族）になっているのでしょうか」と訴えました。釈尊はただ黙って座っておられました。彼女はさらに続けて、「このような地獄・餓鬼・畜生の充満した濁悪の世は厭です。広く憂悩のない処をお説き下さい。そしてお願いですから、私に浄土の世界を観せて下さい」と言いました。その時釈尊は眉間から光を放ち、様々な浄土のすがたを現出させ、「このような無量の諸仏の国土があるのですよ。しっかりとご覧なさい」と言って彼女の眼前にお示しになりました。彼女は、「そのような国土を思い、心に念ずる方法を私に教えて下さい」と請い願いました。

註：「旃陀羅」というのは、インドの四姓制度（ヴァルナ）の最下層の階級とされているシュードラ〈奴隷〉よりさらに下、つまり、インド社会において人間扱いされていない階級の人たちのこと、だそうであります。このような差別用語が、「観経」の中にあることが、現在問題になっていますが、近々真宗教団の見解が示されることになっております。

ここまでが、「観経」にある物語でありまして、韋提希が主人公となっています。この後、釈尊が彼女に対して、心を静める方法や浄土を念ずる方法、いわゆる「観想念仏」を説かれるのであります。

ところで、阿闍世はその後どうなったのか、ということにつきましては、「涅槃経」に詳しく述べられています。「観経」では、救いようのない極悪人として登場する阿闍世ですが、そのような極悪人がどのようにして救われていくのか、というのが「涅槃経」の主題とするところです。

さて、親鸞聖人は、この王舎城の悲劇をどのように受け止めておられるのでしょうか。『教行信証』の「総序」は、次のような文章で始まっています。

ひそかに思ってみるに、はかりしれない阿弥陀仏の本願は、はてしない生死の海をわたしてくださる大船のようなものであり、なにものにもさえられない弥陀の光明は、無明の闇をやぶってくれる智慧のかがやきのようなものである。

ゆえに浄土の教えを説かれる機縁が熟し、提婆が阿闍世をそそのかしてその父母を害させることとなり、念仏によってそれを救われねばならない正機を示され、釈尊が韋提希をみちびいて浄土を願うようにとすすめられたのである。

（高木昭良『教行信証の意訳と解説』三十二ページ）

人間は、何時も思い通りになり、幸せいっぱいのときは、救われるとか、浄土とかいうものには殆ど関心がありませんが、愛する肉親を亡くしたり、不慮の事故に遭ったりなど、突然、何か不幸に見舞われたとき、「何で私がこんな目に遭わなければならないのか」と嘆き悲しみ、そのような境遇から早くのがれ、安楽な境地に住みたいと願います。韋提希の生い立ちについては何も書かれておりませんが、王妃となるような人ですから、おそらく容姿端麗で何不自由なく成長し、殆ど自分の思い通りの人生であったであろうと想像できます。当時のインドでは、一夫多妻が普通であったようですから、国王は、韋提希に子宝が恵まれなければ、他の女性に生ませることもできたはずですが、この物語はそういう状況ではなさそうですから、彼女は国王のオンリー・ワンとして愛されていたものと思われます。そのように、幸せを絵に描いたような生活をしている間は、仏の真実の世界を観ることは極めて困難だと思われます。物語にありますように、わが子が欲しいと思えば、人の命など虫けらを殺すほどの呵責も憶えず、それを成就させてしまいます。さらに、そのことが将来我が身に災いをもたらす虞があると思えば、躊躇することなくこれを亡き者にしようとします。国王とその妃ともなれば、生殺与奪の権を握っており、生かすも殺すも意の如くなり、全て自分たちさえ良ければいいと考えているのであります。全て自分の思い通りにしようとしていることが、どれだけ阿弥陀仏の本願に背いているかの自覚はさらさらありません。幸いに阿闍世も我が出生の秘密に気付かず、王位継承者として立派な青年に育っています。しかし、そのままのハッピー・エンドは許されていなかったのです。提婆達多という男が現れて、阿闍世の耳元で囁きます。このことによって、状況は一変してしまいます。彼女は釈尊の前で、瓔珞を引き千切るほど怒り、五体を投げ打って嘆き悲しまねばならないほどの仕打ちを受けることとなるのであります。それでもまだ、彼女の思いからすれば、悪いのは提婆達多であります。釈尊に対しても、何であんな奴とあなたは親族になっているのか、と責めているのです。この期に及んでも、私は悪くない、悪いのはあなたたちだ、という思い込みは、彼女が、まさに私たちと同じ典型的な凡夫の姿であることを、この物語は示しているのであります。

親鸞聖人は、このような状況に至ったのは、「浄土の教えを説かれる機縁が熟し、提婆が阿闍世をそそのかしてその父母を害させることとなり、念仏によってそれを救われねばならない正機を示され、釈尊が韋提希をみちびいて浄土を願うようにとすすめられたのである」と述べておられるのです。もし、阿闍世の逆害がなかったならば、韋提希が念仏によって救われる正機に遇うことはなかったであろうと言うのです。現在においても、お内仏（仏壇）の前で手を合わせて念仏し、また、お寺参りを始めることとなった人の中には、肉親や親しい人の突然の不幸が契機となっていることが多いのではないかと思われます。「何で私がこのように苦しまなければならないのか」という思いが募りますが、そのことが、やがてそのような苦しみのない世界を希求する機縁となるのだ、と言うのです。我が身に被った不幸は、この私を念仏者として救うために阿弥陀仏が設定したシチュエーションなのだと信じて受け入れる他はない、と親鸞聖人は教えておられるのです。先に紹介しました「総序」の一節に続きまして、次のように述べておられます。

これらは仮にすがたをあらわされた聖者たちが、苦しみ悩む人びとを救いたいとねがい、如来の慈悲はまことに五逆や誹謗や闡提のような悪人をたすけてやりたいというおぼしめしをしめされたものにほかならないのである。

（同右、三十二ページ）

「五逆」というのは、大乗の五逆と部派仏教（小乗）の五逆があり、まず大乗の五逆は、①父を殺す。②母を殺す。③阿羅漢（解脱した人）を殺す。④サンガ（和合僧）を破る。⑤仏身より血を出す。部派仏教の五逆は、①寺や塔を壊し、経蔵を焼き、三宝の財物を盗む。②声聞・縁覚・菩薩の教えを謗る。③僧侶を謗る。④大乗の五逆を犯す。⑤因果の道理を無視して十悪（殺生、偸盗、邪淫、悪口、綺語、妄語、両舌、貪欲、瞋恚、愚痴）を行う。「闡提《せんだい》」というのは、善根を断っていて、成仏する因を持たない者、だと言われています。

この「王舎城の悲劇」というのは、どうしようもない悪業を背負った人びとを救うために、釈尊が役者をそろえて一芝居打ったのだ。平たく言えばこういうことなのでしょう。

親鸞聖人は、そういう境遇にある者が、このことに気付く機縁となることを願う如来の慈悲に他ならない、ということを私たちに教えているのだ、と述べておられるのです。

右の文章にありますように、仏教では、父や母を殺すことが最も重い罪とされています。我が国の刑法でもつい最近まで、「尊属殺人の罪」というのがあり、尊属、つまり、自分や配偶者の父母・祖父母等を殺した者は、通常の殺人罪よりも重い刑罰が科せられていました。しかし、一九九五年最高裁において、これは不平等な扱いであるから憲法に違反する、旨の判決が出され、この罪は廃止されました。親が我が子に殺されることについては、そのような子に育てた親にも責任があると言えますが、子殺しについては、生まれた子には全く責任がなく、親の都合だけですから、本当はこちらの方が罪は重いはずであります。しかし、観経では、韋提希の阿闍世に対する殺人未遂事件については、何も触れられていません。このことが影響しているのかどうかは分かりませんが、昔は、生まれた直後の子殺しがかなり多かったようであります。これは、たしかな資料はありませんが、皆暗黙の了解のもとで、闇から闇へ葬られていたと思われます。昔は「貧乏人の子沢山」と言われていましたが、そういう中でさらに生まれてくる子に対して、経済的困窮からいわゆる「間引き」（子殺し）をしていたことは、紛れもない事実であったのです。

かつての薩摩藩等による「念仏停止《ねんぶつちょうじ》」は、この子殺しが背景にあるのではないか、と私は思っています。江戸時代から明治にかけて薩摩藩やその周辺の藩が浄土真宗を弾圧し、念仏を禁じていた、という歴史があります。何故念仏を禁じたのか、そのはっきりした理由は未だに分かっていませんが、「念仏一つで救われる」とする真宗の教えが、そのような行為を助長しているのではないか、と為政者が考えていたのではないか、と私は思っています。

鹿児島県では、現在でも、至る所に「隠れ念仏」の跡が残っています。これは主として地方の農民が、藩主の弾圧から逃れるために、人目に付かない横穴や谷底の大きな岩の陰などに小さな仏像を安置して、夜密かに集まって念仏する、という風習があったのです。これが役人に発覚するとかなりひどい拷問を受け、また、否認する信者には仏像を踏ませ転向を強制させられる、ということが行われていたようです。農民たちが何故こうまでして「隠れ念仏」をしたのでしょうか。

当時のことが木彫りの欄間絵として残されている真宗のお寺の住職の話によれば、昔から、子沢山の上にさらに子供が生まれると、赤ん坊の顔に濡れた紙を被せて窒息死させ、上の子が村中に「うちの○○ちゃんは山へ兎を追って行きました」とか、「うちの○○ちゃんは蝶々を追って川へ行きました」というような隠語めいたことを言い触らしていたそうです。男の子は山へ、女の子は川へ、と言うことで、村の人はそれが何を意味するのか分かっていて、黙って聞いていたのです。そういうことをしないと自分たちが生きていけません。親は、「ごめん、許してくれ」と、心の中では泣いて詫びていたと思われますが、ふと我に返ってみれば、「とんでもない恐ろしいことをした。地獄に堕とされても仕方がない」という強い呵責の念に駆られて、苦しまれたことでありましょう。そういう人たちにとって、「念仏一つで救われる」という浄土真宗の教えは、深い闇に差し込む一筋の光であったに違いありません。

このような「間引き」は、鹿児島県だけの話ではなく、全国何処でもあったはずであります。昭和五十八年頃放映されたNHKの連続テレビ小説『おしん』(橋田壽賀子原作・脚本)のワンシーンに、妊娠した母親が、冬の冷たい川の水にお腹を浸して、無理に流産させようとしているところがありました。また、私が小さい頃、生まれたばかりの子が死んだことが実際にあり、子供心にも不審に思ったことがあります。お寺参りをして法話を聞きながら、片隅で悲泣の涙を流している女の人がいるのを、子供の頃よく見かけました。このような人が、そのことに関係しているとは断言できませんが、そういうことで、耐え難い罪の意識に苦しんだ人は決して少なくないと思います。このことは、古今東西を問わず、人間の深い闇の中に封じ込められている悲しい物語であり、浄土真宗の教えは、このような悲劇を背負わされた人たちをどうして救えばよいのか、という喫緊の課題が根底にあったのではないでしょうか。

「弥陀の誓願は、（さるべき業縁のもよおせばいかなるふるまいもする）罪悪深重煩悩熾盛の衆生をたすけんがためである」と親鸞聖人は『歎異抄』の中で述べておられます。韋提希という人物は、このような「罪悪深重煩悩熾盛の衆生」をモデルとして登場させたものので、この人がどのようにして救われていくのかが、この「観経」の主題とするところでありります。

既に述べましたように、釈尊の悟った八正道の一番目にあるのは、「正見」即ち物事を正しく見る、ありのままのすがたを観察することでありました。「観経」は、無量寿を観る経とありますように、無量寿即ち阿弥陀仏をイメージする方法を具体的に示しているお経なのです。その方法論として示されているのが、十三段階のいわゆる「観想念仏」というものであります。これを「定善観」とも言います。それによって仏をイメージできるようになって、そこからの呼びかけ、即ち既に述べました「本願他力」が、スピリチュアリティーとして感受されるようになれば、そこに救いの道が開けてくるのではないかと思います。この観想につきましては、善導和尚の詳しい解説書（『観無量寿経疏』）がありますが、簡単に理解できるようなものではありませんので、かなり乱暴ではありますが、私が理解した範囲で簡単に述べれば、次のようになります。

その第一に掲げていますのが、「日想観」というものであります。これは、西に沈む太陽を、心を静めて注視する瞑想法です。瞑想というのは、あるものの一点に心を集中して何も考えないことだ、と思われている人が多いと思いますが、何も考えないで何かを悟るというのは不可能ではないか、と私は思います。毎日毎日雑念を払って赤々と沈む太陽を眺めながら、そのはたらき、恵みを考え、同時に、その背後にはたらく目に見えない何かに気付かせて頂く。これが観想の目的なのであります。

二番目が「水想観」です。水は、方円の器に従い、高いところから低いところへと流れます。熱すれば蒸発し、冷やせば凍ります。人間の都合によってどうかなるものではありません。「上善水の如し」という言葉があります。最上の善は水の如くである、というのです。また、水のないところに生き物は存在しません。私たちを生かしている根源がそこにあるのではないか。それに思いを馳せて観よ、ということでしょうか。

三番目が「地想観」です。あらゆる植物を育み、生きとし生けるものの根拠となっている大地を観察することです。既に紹介しました二宮尊徳の句（声もなく香もなくつねにあめつちは書かざる経を繰り返しつつ）は、このような観察によって気付かされるものではないでしょうか。自然現象の理を一つ一つ経に書いてはいないが、繰り返し繰り返し現れる現象をよく見れば、その前後に共通する原理が見えてこないか、と問いかけているのです。

四番目が「宝樹観」です。生き生きと成長するあらゆる樹木を観察するのです。桃の木に桃の花が咲く。梨の木に梨の実がなる。桃の木に梨の実がなり、梨の木に桃の花が咲くということは絶対にありません。北原白秋の句に、「薔薇の木に薔薇の花咲く。なにごとの不思議なけれど」とありますが、岡本かの子は、その「理をまことに知るはたやすからず」と言っています。一木一草たりとも、気まぐれで花を咲かせ、適当に実をならせているのではありません。

五番目が「宝池観」です。何故池を観るのでしょうか。一般に池のイメージはあまりよくありません。「古池や蛙とびこむ水の音」という芭蕉（１６４４－１６９４）の句がありますように、何となく侘しい感じを抱きがちであります。しかし、「仏説阿弥陀経」には、

「極楽国土有七宝池八功徳水充満其中」

極楽世界には、七種の宝石で飾られたような美しい池があらわれる。その心の池には、いつも澄み切った、のぼせあがることのない、快い、柔軟な、潤いのある、安らかな、落ち着いた、素晴らしい水がたたえられ、そこで生活するものの、目、耳、鼻、舌、身体、そして思考力まで磨き上げていく。

（高松信英『現代語訳　観無量寿経・阿弥陀経』百四十一ページ）

とあります。これは、仏の目で見た場合の池でありまして、私たちの目には七宝が見え

ないのです。見えるのはどす黒い汚泥です。蓮はそういう池に生えていますが、水面上で咲く花は何とも神々しく高貴な輝きを放っています。仏教ではこの花を仏の象徴として尊ばれているのです。いま、「汚泥」という言葉を使いましたが、これは、私たちの価値判断を以て評価した言葉でありまして、仏の世界においては、「汚泥」も「高貴な花」もイコールなのです。清濁併せ呑むのが、人生の達人と言われます。濁が分からない人には清も分からないのです。

六番目が「宝楼観」です。「楼」というのは、高い建物のことです。掘っ立て小屋は、そこいらにある適当な材料でも建てられますが、大風が吹けばすぐ壊れます。楼閣ともなれば、緻密な設計、材料の吟味、組み立て方の工夫等、自然の法則を駆使した仏の智慧の集積によって完成されています。少々の風雨、風雪にはビクともしません。そのような楼閣が存在し得ている訳を、じっくりと観察するのです。

七番目が「華座観」です。これは、「蓮華座」を観よ、ということです。そこには、何かが座る「座」があるだけで、何が座っているのかは目に見えないのです。しかし、「日想観」から「宝楼観」までを観想した結果、「何か見えてくるものがありませんか」と、釈尊は言うのです。「ほら、何かが座っておられるでしょう?」と。韋提希は、ここで初めて、そこに座っているのが「阿弥陀仏」だ、ということが分かったのであります。ですから、韋提希は第七の「華座観」で悟った、と言われているのです。これまで観想して気付いたことと自分の思いがいかに矛盾しているかを、身に染みて納得されたのであります。

ニュートンが、リンゴが木から落ちるのを見て、万有引力の法則を発見したのと、韋提希がそれまでの観想によって悟ったこととは、基本的には同じことだと、私は思っています。明治の初めに西洋の科学文明が、我が国に入り始めた時に、このことが十分に理解できていたならば、その時が浄土真宗興隆の絶好のチャンスであった、と私は思っています。

八番目が「像観」です。これは、韋提希が、七番目で観た華座の上に座しているのが「阿弥陀仏」であると直感しましたが、それをもっとはっきりと形のある像として、「阿弥陀仏」の仮のすがたをイメージすることだと思います。真宗の仏壇の中央に安置されている仏像は、これを方便として示されたものであります。

九番目が「真身観」です。これは、「像観」でイメージした「阿弥陀仏」から、宇宙の普遍的真理を感得することです。

十番目が「観音観」、十一番目が「勢至観」、十二番目が「普観」、十三番目が「雑想観」です。これらは後で詳しく述べますが、無量寿の慈悲、無量光の智慧、それらの全てが私一人を生かしてくれている、ということを感得するのが、「観想念仏」です。

このような観法を修行すれば、無量寿（阿弥陀仏の世界）を観ることができる、と観経は教えているのであります。しかし、一般の人は、このような修行に専念することは不可能ですから、そういう人のために示されたメニューが「散善観」というものです。「散善」というのは、瞑想的な修行をする必要はなく、散乱した心のままで功徳を積む、ということです。これには、人間の質に応じて上輩（上流）、中輩（中流）、下輩（下流）という三つの段階があり、さらに各段階毎に上中下の品（章）に分けられていて、それぞれについて為すべきことが述べられています。上輩というのは、金も地位もある人たちで、寄付や堂塔などの寄贈によって思うままに功徳を積むことができる人たちです。中輩というのは、真面目に努力することで功徳を積むことができる人たちです。下輩というのは、そのような功徳を積む術もないし、仏を信じる縁もない、どうしようもない人たちを言います。

この下輩の人たち、即ち我々のような凡夫をどうやって救うのか、が浄土教の最も重要な課題でありますが、「観経」では、そのような人でも「南無阿弥陀仏」の名号を称えれば救われる、と教えているのです。善導和尚は、この一言が仏の正意である、ということに気付かれたのです。親鸞聖人は、その著作『正信偈』に、

善導独明仏正意　善導独り仏の正意を明かせり

（『真宗聖典』二百七ページ）

として評価しています。「名号を称えれば救われる」。「観経」が言わんとするところはこの一点である、と善導は看破したのであります。無知蒙昧の凡夫を救うには、難しい理屈は不要である、空念仏であろうが何であろうが、とにかく一心に念仏する人を阿弥陀如来は助けるのだ、と言うのです。善導が生きた時代の中国、法然上人が生きた時代の日本における社会情勢を勘案すれば、そう言って民衆を安心させる他に手立てがなかったのでありましょう。その辺の事情をよく理解して親鸞聖人は、一応善導を高く評価してはいますが、既に述べましたように、本当は「信心」がなければ駄目ですよ、という立場です。

翻って、情報過多で科学的思考の定着した現代人に、空念仏でも救われる、ということが通用するかと言えば、やはり無理ではないか、と私は思います。何故そうなるのかということが、合理的に説明できないからです。現代人には、七番目の華座観で見えてくるもの、それをしっかりとイメージできなければ、仏の正意を理解できないと思います。そういう意味で「観経」の説く「観想念仏」は、現代でも十分に通用する、と私は考えています。こういうことを現代の機（人）に相応した形で説法をすることが、現代の浄土真宗における最も重要な課題ではないでしょうか。

六、無量寿に生かされる

「観想念仏」の目的は、「阿弥陀仏」をイメージすることでしょうが、同時に、その「阿弥陀仏」の「はたらき」をしっかりイメージとして捉え、そこから我が身がどのように見えてくるか、その真実に気付かされることが、浄土真宗の最も重要なところだ、と私は思います。十番目の「観音観」、十一番目の「勢至観」は、そのことについて観察するのです。

「観音観」とは、慈悲の象徴である「観音菩薩」を観察することであります。仏教では、この慈悲を量り知れない時間そのものであると捉えているのです。開闢《かいびゃく》という言葉がありますが、約百三十八億年前に、「ビッグ・バン」という巨大な爆発のエネルギーによって、この宇宙が生成されたと考えられています（ビッグ・バン以前にも何かがあったはずでありますが、それはまだ分かりません）。想像を絶する巨大な粉末消火器のようなものが爆発し、クウォークと呼ばれる素粒子が宇宙空間にぶちまけられました。その素粒子に何故か重力（引力）というものがあって、お互いにくっつき合い、電子、中性子、原子、分子と成長し、やがて石ころのようなものとなり、それがさらにくっつき合って地球のような星が誕生したものと考えられています。それまでに約九十億年という時間が経過していいます。その間に、太陽系というものができ、いくつかの惑星が太陽の周りを回っています。太陽に近い順に水星、金星、地球、火星、木星、土星等という配置になっています。今ではインターネットでバーチャルな宇宙旅行を体験できますが、これでこの惑星の状態を見てみますと、地球だけが青々と宝石のように輝いています。他の惑星は、水も空気も存在した様子はなく、極めて殺伐としています。地球には水が存在しており、そして太陽からちょうど良い距離にあるため、太陽の熱によって水が蒸発してしまうことがなく、また逆に全て凍結することもありません。ちょうど良い重力が働き、水があって空気があって、生命誕生の条件が整っています。約三十八億年前にＤＮＡ（デオキシリボ核酸）という遺伝子が生成され地球上に生命が誕生したと考えられています。それが親から子へと受け継がれ、三十八億年もの間一度も途切れることなく今日私たちにまで至っているのです。

水溜まりで体をくねらせている小さなボウフラでさえ、その例外ではありません。開闢以来の無量の時間に賜った量り知れない縁、即ち「他力」によって、今ここに「私」という存在が「生かされて」いるのです。親鸞聖人のお言葉に、

弥陀の五劫思惟の願をよくよく案ずれば、ひとえに親鸞一人《いちにん》がためなり

（『真宗聖典』六百四十ページ）

というのがありますが、これは、まさにこのことを言われているのであります。「親鸞一人」は即ち「この私一人」であり「あなた一人」でもあるのです。誤解されては困りますが、これは何も「世界は私一人のためにあるのだ」という自己中心的な振る舞いを肯定する意味で言っているのではありません。全ての人が「その人」からみれば、量り知れない時間の中で量り知れない縁によって生かされている、ということに気付かされる、ということなのであります。

因みに「劫」というのは、極めて長い時間のことです。一辺が数十キロメートルもある

大きな岩に三年に一度天女が降りてきて、薄い衣で一撫でしていく。そうやってこの大きな岩がすり減ってなくなるまでの時間を言うと言われます。これを「磐石劫」と言うそうですが、ほかに「芥子劫」というのもあって、これは、城を取りまく城壁の中に芥子粒を満たし、それを天人が百年に一度来て一粒持って行き、それがなくなるまでの時間を言うとも言われています。芥子粒というのは、アヘンの原料となる芥子の実から採ったもので、栗饅頭の真ん中に振りかけてあるあの小さな粒のことです。五劫と言いますから、こういうのが五回あるということ、つまり、量り知れない長い時間を表しているのであります。暇な人がいて、一劫の時間を計算したところ、四十三億二千万年にもなるそうです。

このように量り知れない時間の中で、量り知れない縁のはたらきが網の目のようにこの広大無辺の宇宙に広がっている、その全てのはたらきが、この「私一人のため」であったのだということに気付いたときに、初めて「生かされている」ということの実感が湧いてくるのではないでしょうか。「いや、それでも私は自分の力で生きている」と言う人がおられるかもしれませんが、そういう人に聞いてみましょう。「あなたが『オギャー』と生まれたときはどうでしたか」と。両親に育てられ、学校でいろんなことを教えられ、成人して社会人になっても、多くの人たちに支えられて今日があるのではありませんか。自分が働いて稼いだお金で生活しているのだから、他人の世話にはなっておりません、と言う人がおられるかもしれませんが、その働く場を全て自分で作ることはできないでしょう。親から「他人の世話になるなよ」と言われて育った人は少なくないと思いますが、人間は他人の世話にならないでは絶対に生きていけないのです。

また、私たちは自分の力で自分の心臓を止めたり動かしたりすることはできません。自分の意思と関係なく呼吸は行われ、食べたものは胃で消化され腸で栄養が吸収されます。肝臓や腎臓のはたらきを知らなくてもちゃんと機能しています。手足を動かすにもそれなりのエネルギーが必要ですが、そのエネルギーを自分の意思で作っているわけではありません。歳を取って衰えれば、自分の手足でも思うようには動かせません。自分の体でさえ自力でできるものは何もないのです。

最近NHKで『人体』というドキュメンタリー番組がありました。ノーベル賞受賞者の山中伸弥教授とタモリが出演して、人体の不思議について解説していました。その中で人間の内臓は、それぞれがその機能を発揮して人体の調和を保ち健康を維持するため、特殊な物質を放出してお互いに情報交換を行い、必要な血液や栄養素を補っているのだ、ということを図解して説明していました。私のあずかり知らぬところで肉体の臓器や細胞は、ＤＮＡに組み込まれたプログラムに従って傷口を修復したり、外敵から身を守る免疫性を発揮したりして、この生命を維持するため日夜休みなく働いているのです。一切の衆生に本来的にはたらいている「仏性」とか「如来蔵」というのはこのことではないか、と私は考えています。それをいのちの根源とでも言うのでしょうか。

このように、あるがままのすがたを観察すれば、全ては他力だということに気付かれるはずです。このことを多くの人は勘違いしているのです。自分で生きていると錯覚しているのです。自分の体も自然現象と同じで、全て自分の意思と関係なく、量り知れない時間の中で、宇宙の普遍的な法則に従っているのであります。

この量り知れない時間のはたらきを無量寿（アミターユス Amitayus）と言います。阿弥陀仏の本願力なのです。無限の時間であります。このことを無量寿経では次のように述べています。

第十三願（寿命無量の願）もしわれ仏を得たらんに、寿命に限量ありて、すくなくとも百千億那由他に至らずば、正覚を取らじ。

【現代語訳】

たとえわたしは仏となることを得ても、もし寿命に限りがあって、少なくとも、数限りなき劫に及ばなかったならば、わたしは正覚を取らぬ。

（増谷文雄、同前、百七十六ページ）

「那由他《なゆた》」というのは古代インドの数の単位で、十の六十乗とも七十二乗とも言われるほど大きな数量を言うそうです。それが百千億と言うのですから、インド人の言う数は、中国人の言う「白髪三千丈」等というものとは桁が違います。

無量寿のはたらきとは「抜苦与楽」、即ち「慈悲」です。「慈」とは、楽を与えること、相手の力になること、「悲」とは、苦を抜くこと、相手の身になること、相手と同じ気持ちになって悲しみを共有すること、だと言います。要するに「優しさ」と「思いやり」ということでしょう。無量寿即ち阿弥陀仏のはたらきは、「すべてこの私一人がため」と思えば、慈悲以外の何物でもないことが実感されるのではないでしょうか。キリスト教でいう愛と同じようにも考えられますが、この愛には二通りの概念があって、ここで言う愛はアガペーと言い、無償の愛、自己犠牲的な愛のことを言います。もう一つはエロスの愛で恋愛、性愛の意味であります。仏教にも愛という言葉はありますが、これは十二縁起の一つとして掲げられ、ものに愛着する煩悩であると言われます。

慈悲の象徴とされるのが観音菩薩であります。観世音菩薩とか観自在菩薩とも言います。「菩薩」とは、菩提薩埵《ぼだいさった》（ボーディサットーバ bodhisattva）の略で、悟りを求めて修行する人のことです。また、成仏の一歩手前にいて、先に衆生を救い成仏させようとしている人、とも言います。阿弥陀如来を中尊とした場合、その左側の脇侍として配することが経典に定められています。この観音菩薩は、サンスクリット語のアバローキテーシュバラ（Avalokitesvara）の訳で、世の人々の音声を観じて、その苦悩から救済する菩薩とされ、人々の姿に応じて大慈悲を行ずるところから千変万化の相になると言います。地獄道に聖観音、餓鬼道に千手観音、畜生道に馬頭観音、修羅道に十一面観音、人間道に准胝《じゅんでい》または不空羂索観音、天道に如意輪観音がそれぞれ配され、衆生を救うと言われています。

見えない音を観る「観音」とはどういうことでしょうか。香道では音のない香を聞くとも言います。表面的な現象だけを見るのではなく、そのものの奥に潜む本質を見抜くということでしょうか。あらゆる衆生を苦しみから救う菩薩ということで、全国各地に巨大な立像を建てて、昔から多くの人がそのご利益を期待して信仰しています。しかし、本来は、観音様にご利益を期待するのではなく、観音様の慈悲（無量寿）によって既にこの身が生かされていることへの感謝の気持ちを表すためにあるものだと思います。

ところで、慈悲の象徴であるこの観音様は、普通女性の姿として形作られていますが、絵像などをよく見ますと、鼻の下に髭があったりするものがあります。男性か女性かよく分からないところがありますが、本来は男性の姿としてあったものだそうです。それが何故女性の姿に変わったのでしょうか。絵像としてみる観音様の中には、よく丸裸の赤ちゃんを抱いたものや、宙を泳ぐ赤ちゃんに手を差しのべている姿があります。実は、この赤ちゃんは、既に述べました「間引き」された赤ちゃんまたは流産・堕胎された嬰児なのだ、と私は解釈しています。このような絵像は、子殺しの後悔と罪悪感で我が身を責めて悲泣する母親のために、「心配しなくてもいいよ。私がこのように抱きしめてあげているから」

という、観音菩薩の深い慈悲を表している姿なのではないでしょうか。これによって赤ちゃんは救われ、同時に母親も救われているのだと思います。鎌倉市の長谷寺（海光山慈照院。通称長谷観音）の境内には、無数の「水子地蔵」が並べられています。「水子」とは、流産又は堕胎した嬰児のことで、亡くなればお地蔵さんがお世話をすると言い伝えられていますが、長谷寺の本尊は十一面観音だそうですから、観音様のお慈悲にも与りたいという親心なのでありましょうか。

「他利」という言葉があります。他に利せられる。他とは無量寿仏、即ち阿弥陀仏のことです。利とは利益《りやく》。利益とは慈悲、つまり、既に生かされているという事実。それへの感謝の気持ちを表す言葉が、親鸞聖人が作られた『正信念仏偈』（正信偈）の冒頭にある、

帰命無量寿如来

ということなのです。帰命とは、相手の懐に飛び込んで同化すること。南無と同じ意味でもあります。南無とは、一つになる、一体となる、ということだと私は理解しています。

ウパニシャッドというバラモン教の根本思想として、「梵我一如」という言葉があります。宇宙の根本原理である梵（ブラフマン）と個人の本体である我（アートマン）とは同一である、と言うのです。「南無」というのもこれとほぼ同じ概念であると思います。一つになるとは、「感謝」の気持ちが「慈悲」に転じることです。「ありがとう」という気持ちが、他への慈しみ（利他）へと変容していく（報ずる）姿であります。親鸞聖人は、

如来大悲の恩徳は
身を粉にしても報ずべし
師主知識の恩徳も
ほねをくだきても謝すべし

（『真宗聖典』五百五ページ）

と教えています。「身を粉にしても報ずべし」とは、「自らが観音菩薩になりきる」ということではないでしょうか。

七、智慧の光に照らされて見えるもの

阿弥陀如来の右側の脇侍として配されているのが勢至菩薩です。これは「智慧」の象徴とされています。般若心経について一部紹介しましたが、その「般若」というのが、サンスクリット語の「真実の智慧」を意味するプラジュニャー（prajna）を音写したものです。「分析的判断能力から出発して、これを超え、存在全てを全体的に一瞬のうちに把握する直感知のこと（『日本大百科全書ニッポニカ』）」、だそうです。無量寿経では、無量寿とともにはたらく不可思議光（アミターバ Amitabha）とも言います。つまり、阿弥陀仏のもう一つの「はたらき」です。

これがあると、かれがある

という因果の法則を知らないが故に先が見えない。智慧がないということは先が見えない、つまり、「光がない（=無明）」ということです。ああなってこうなって結局最後はこうなる、ということがスパッと見通せる人を知恵者と言いますが、阿弥陀仏の智慧というのは、そんな小さな知恵ではないのです。凡人には智慧がないと言っても少しはある、と思っている人は多いと思います。猿知恵と言いますが、阿弥陀仏から見れば猿とあまり変わらない程度の知恵です。夜道を歩く時の提灯程度の光で、せいぜい五メートル先がぼんやりと見えるくらいでしょう。その範囲のことで、「ああでもない、こうでもない」と言って争ったり、泣いたり笑ったり怒ったりしているのです。はたから見れば「なんでそんな馬鹿なことを」と思うようなことを、エラーイ先生方がやってのけ、テレビのワイドショーを賑わしています。しかし、「そんな馬鹿なことを」と思う自分も、何時それをやるか分かりません。「人知の闇」の深さを私たちに示唆しているように思えます。

生き馬の目を抜くような荒んだ世の中を生きる私たちは、「やられたらやり返せ」というのが鉄則かもしれませんが、「目には目を、歯には歯を」という言葉があります。これは『旧約聖書』「出エジプト記」や「ハムラビ法典」の中にある言葉だそうですが、その意味は「目をやられたら目をやり返す、歯をやられたら歯をやり返す、それ以上の報復をしてはならない」ということだと言われております。ところが、人間の争いというものはなかなかそうなりません。池井戸潤原作『半沢直樹』というテレビドラマで「倍返し」という言葉が一時流行語にもなりました。一やられたら二やり返す、二やられたら四やり返す。そうやってエスカレートしていく先には何があるのでしょうか。

プロの棋士は、一瞬のうちに百何手先までのシミュレーションを行っていると言われますが、普通の人はそうはいきません。せいぜい二〜三手先まで読めれば良い方です。「一寸先は闇」とも言われます。一寸先に何が起こるか分からない。仮にプロ棋士のように、百手先を読んだところで、それで完璧とは言えません。こういう人間の小さな知恵に対して、阿弥陀仏の智慧には限りがないと言うのです。

アインシュタインのような天才的な科学者でも、何故重力というものがあるかについて、本当に分かっているわけではないと思います。「空間の歪みがあるから」とか言うようですが、それでは何故空間の歪みがあるのか、ということになると、まだ説明できないのではないでしょうか。

あるおばあさんが「お米の中には仏がござる」と孫に言ったそうです。その孫が成長して大学生となり、そのことを思い出して、研究室の顕微鏡で細かく砕いたお米を見たけれど、仏様はいなかった、というような話があります。蛋白質とか炭水化物というような物質ばかりでどこに仏様がいるのか、と言うのです。しかし、一粒の籾を田んぼに蒔いて、適度な水分と熱を加えると何故芽が出るのでしょうか。現代では、科学の万能性を信奉する人は多いと思いますが、何故何故と問い詰めるとその先は分からないのです。「これ」があるから「かれ」があるという法則はあっても、「これ」があると何故「かれ」があるのか、その究極のところは、人間にはまだ分からない。だから不思議としか言いようがないのです。では、その不可思議光という阿弥陀仏の智慧とはどのようなものでしょうか。『正信偈』には、この光について十二の特性をかかげています。

無量光　‥量り知れない光。
無辺光　‥どこまで行っても辺際がない光。
無碍光　‥障碍となるものがない光。

無対光　：対照となるものがない、比べることができない光。
炎王光　：光炎の王たる光。
清浄光　：絶対に汚染されることのない光。
歓喜光　：踊りたくなるような喜びを感じる光。
智慧光　：人間の知恵の及ばない、何処までも見通せる光。
不断光　：途切れることのない光。
難思光　：人間の理解の及ばない光。
無称光　：言葉で言い表すことのできない光。
超日月光：日月の光、つまり、普通の光を超えている光。

要するに普通の光ではない、ということです。普通の光では、壁があると遮断されてその先が陰になります。ところが、この不可思議な光、即ち宇宙の普遍的な法則は、何者にも遮られないのです。たとえば、重力のはたらきは、どのような方法をもってしてもこれを遮ることはできません。宇宙飛行士は宇宙を遊泳していますが、けっして無重力ではないのです。地球の重力と飛行による遠心力とが釣り合っている状態、即ち無重力状態というだけなのであります。オウム真理教の麻原彰晃元死刑囚（本名松本智津夫：１９５５－２０１８）は、精神を統一して修行すれば、空中浮遊することができる、と信者を洗脳していたようですが、それは全くのでたらめであることは言うまでもありません。また、エックス線を照射して体の内部を見るようなものです。超日月光と言いまして太陽や月の光を超えているのです。まさに不可思議なのです。

不可思議と言えば、現在の物理学をもってしても不可解なのは、光の性質です。光は粒子であるか、波であるか。何れも実験によって証明されていますが、ある時は粒子で、またある時は波であるといいます。両方の性質を同時に具備していると考えることは、到底人間の理解の及ばないところです。「まだまだお前たちの知恵では分からんだろう」と宇宙の何処かで笑っているものがいるかもしれません。

また、この智慧の偉大さについて無量寿経は次のように述べています。

第六願（天眼智通の願）もしわれ仏を得たらんに、国中の人天、天眼を得、ないし、百千億那由他の諸仏の国を見るに至らざれば、正覚をとらじ。

【現代語訳】

たとえわたしは仏になることを得ても、なおわが国中の住みびとが、天眼を得て、ないし、数かぎりない諸仏の国々を見るにいたらなければ、わたしは正覚をとらぬ。

（増谷文雄、同前、百七十一ページ）

「天眼」というのは、天人のように高いところから、人間に見えない宇宙の遙か彼方まで見通す眼、ということでしょう。人間には分からないが、阿弥陀仏は全てを見通しているということです。自動車にはカーナビが付いていて、目的地への最短ルートを案内してくれます。昔のカーナビは、ルートを外れると案内を止めて黙り込んでしまいましたが、最近のカーナビはよくできていまして、ルートを逸脱しても、そこからまた新たなルートを設定して、決して道に迷わないようになっています。天眼智通の願というのは、これに似たようなものなのでしょうが、ただ、カーナビのように限定されたものではなくて、世界の果て、宇宙の果てまで少しの狂いもなく御見通しなのです。

また、無量寿経の第十二願には、その驚異的な威力を示すような表現もあります。

第十二願（光明無量の願）もしわれ仏を得たらんに、光明に限量ありて、少なくとも百千億那由他の諸仏の国を照らすに至らずば、正覚をとらじ。

【現代語訳】

たとえわたしは仏になることを得ても、もし光明に限度があって、少なくとも、数限りない諸仏の国々を照らしえなかったならば、わたしは正覚をとらぬ。

（増谷文雄、同前、百七十五ページ）

不可思議光というのはこのようなはたらきをいうのであります。ですから、『正信偈』冒頭に、

帰命無量寿如来
南無不可思議光

（『真宗聖典』二百四ページ）

と唱えるのであります。無量寿如来に帰命し、智慧の象徴としての不可思議光に南無し奉る、と言うのです。この二つの句を合わせたものが南無阿弥陀仏です。南無阿弥陀仏とは、無量寿如来の慈悲に帰依し、宇宙の普遍的な法則である不可思議な智慧に従って生活しなさい、という阿弥陀仏の呼びかけに対して、すでに述べましたように、無量寿に生かされていることに感謝し、その不可思議な智慧に従って謙虚に生きていきます、という誓いの言葉なのです。前者を「還相回向」と言い、後者を「往相回向」と言います。

お寺や家の仏壇の中央には、金色の阿弥陀如来立像が置かれています。僧侶の形をしたものが慈悲の象徴である無量寿仏を表し、後頭部から発する光背が智慧の象徴である光を表しています。そして、この像の背面には、「方便法身尊形」という文字が刻まれています（最近のものではこれがないものもあります）。つまり、この像は、人間の眼では見ることのできない法身（無量寿と無量光＝阿弥陀仏）を、私たちに分かりやすく示すための方便として造られたものである、ということなのであります。私は最初この像が、真宗の本尊だと思っていました。ところが、本当は真宗の本尊ではなかったのです。これは方便として造られたただの木像だったのです。真宗の本尊はあくまでも「南無阿弥陀仏」という名号なのであります。しかし、ただの木像とは言いましても、今述べましたような意味が込められている尊いものでありますから、決して粗末に扱うことは許されません。仏教の合理的思考とは別に、宗教というものの基本には、そういうところがあると私は考えております。何れの宗教も最大の敵は、謙虚さを失うこと、傲慢になることではないでしょうか。

さて、このような智慧の光にこの「私」が照らされたときに、何が見えるのでしょうか。阿弥陀仏の慈悲によって生かされている、という事実に気づいたときに、このわが身の在り方はどのようなものであるのでしょうか。これまで述べました釈尊の教えは、まさにその通りで、反論の余地はありません。ただ感謝して南無する外はないのですが、それが実はそう簡単なことではないのです。理屈として頭で理解できても、宇宙の普遍的な法則と、この「私」が一致しないのです。ここに大きな矛盾があるのです。この矛盾の故に私たちは苦しんでいるのです。問題は、その矛盾した己の姿が容易に受け入れられないところにあります。

親鸞聖人が着目されたのは、まさにこのことなのです。次の和讃にその本音が吐露されています。

浄土真宗に帰すれども
真実の心はありがたし
虚仮不実のこのみにて
清浄の心もさらになし

（『真宗聖典』五百八ページ）

浄土真宗の教えは、なるほどその通りと納得はしましたが、私の心をよくよく見れば、その教えに報いるような真実の心は何処にもありません。嘘偽りのこの身には、清らかな心などさらにありません。これは、親鸞聖人の血を吐くような懺悔の言葉ではないでしょうか。

浄土教は、易行難信と言います。修行は易しいが、信心を獲得《ぎゃくとく》することは、難中の難であると言うのです。多くの人は、「仏法を聞いてもさっぱり分からん」と言います。何故分からないかと言うと、たしかに法話の内容の難しさもありますが、多くの場合、その話を自分のこととして聞いていないからだと思います。

綾小路きみまろの漫談は一時大変な人気で、六十歳前後の女性ファンが大勢彼の実演に詰めかけていました。彼は舞台の上から観客に向かって「皆さん、よくお出で下さいましたね。その顔で」と、毒舌を吐きます。「梅干し」だの「しわくちゃ」だのと、観客をぼろくそに言うのですが、その度に大爆笑です。腹を抱えて笑いながら喜んでいるのです。あんなことを言われて、あの人たちはなんで面白いのだろうかと、私は不思議に思っていました。よく考えてみましたところ、「ああ、そういうことか」と合点がいったのです。つまり、観客の女性は皆、自分のことだとは思っていないのであります。自分以外の人のことを言っている、間違っても、決して自分のことではないと思っていますから、面白くてしようがないのです。しかし、観客が一人の場合を想像してみて下さい。その人は、そう言われて笑えるでしょうか。

人は誰でも、「自分は悪くない。あなたが悪い。お前が悪い。私は莫迦じゃない」と思って生きています。私は、七十を過ぎてからグラウンド・ゴルフを健康のために始めました。直径六センチメートルのプラスチック製の堅いボールを、木製の専用のクラブで打って、十五メートル、二十五メートル、三十メートル、五十メートルと四段階ある距離の先にある直径三十六センチメートルの輪っぱの中に入れるゲームです。易しいようですが、要領が悪いとなかなか思うようにいかず、年寄りのゲームとしては結構面白いので、やり出したらはまってしまいます。他人のプレーを見ていますと、面白いことがあります。ボールが思ったところに飛ばないと、すぐ「これはボールが悪い」と言って、新しいボールを買ってくる人がいました。ボールを替えてもやはりうまくいかないと、今度は「クラブが悪い」と言って、新しいクラブを買ってきます。クラブを替えても、結果は同じですが、今度は何と言うかと思っていましたら、「あんたがそこに立っているから悪い」と言います。「自分の腕が悪い」とは絶対に言わないのです。

グラウンド・ゴルフでのことであれば、それほど気にすることもありませんが、最近の政治家や官僚や会社の不祥事への対応の仕方を見ておりますと、実に情けなく感じることがあります。最初から本当のことを述べて、悪かったところは素直に反省し、誠意をもって謝罪しておれば大事に至らずに済んだものを、どうしても最初は、「私は悪くない」という姿勢で頑張りますから、世間の批判を浴びてさらに傷口を広げ、結局は最悪の状態で結末を迎える、というケースが多く見受けられます。このようなことは、日常茶飯事として起こっており、第三者的な立場から見ると対応が後手後手に回って、いかにも拙いやり方のように感じられ軽蔑の目で笑っていますが、いざ自分の身に降りかかってくると、これがなかなかそのように割り切れない何かがあるのです。実は、これが最も厄介な問題なのです。

これほどまでに、人間は、「自分が悪い」と認めることは難しいのであります。何処までいっても「悪いのは他人で、自分は間違っていない」という根性が抜けないのです。あくまでも、自己中心（エゴ）の物差しで物事を見ているのです。その物差しに宇宙の普遍的法則を体とする阿弥陀仏の智慧の物差し、真実の鏡を当ててみたときに、どれだけ歪み、かつ矛盾しているか。そのことに本当に気付いて我が身を見れば、生汗が出るような慚愧の念に駆られるはずです。「慚」とは、天に恥じる、公に恥じること。誰も見ていないからといってルール違反をすることを、世間に対して心底から恥ずかしく思うことです。

「愧」とは、そういうことをする我が身の在り方を恥じること、であります。自分のしていることや考えていることが、本当に恥ずかしいと思えるようになったとき、人間の傲慢さが消え、謙虚にならざるを得なくなります。そして、そのことを深く反省して懺悔する心境になって、初めて本当の信心というものが芽生えてくるのではないでしょうか。「自分だけが正しい」というのは、この「真実」が分からない、それに気付かされる縁に巡り逢えていない人たちです。ですから、『正信偈』のなかで、

弥陀仏本願念仏　弥陀仏の本願念仏は、
邪見驕慢悪衆生　邪見驕慢の悪衆生、
信楽受持甚以難　信楽受持することはなはだもって難し。
難中之難無過斯　難の中の難、これに過ぎたるはなし。

（『真宗聖典』二百五ページ）

と、無量寿経の言葉を引いて親鸞聖人は述懐されているのであります。

八、往生への道

ある聞法会で講師の話を聞いていた人が、

「お話をいくら聞いても、さっぱり分かりません。何故もっと分かるように話してくれないのですか？」

と、質問しました。講師は、「皆さん方がこれ以上賢くなられては困るからです」と、答えました。これはどういう意味か、講師の真意を量りかねておりましたが、私なりに考えてみまして、おそらくこういうことではないかと思っています。つまり、聞法をすることによって、自分はもっと賢くなろう、と思って法話を聞いているのではないでしょうか。しかし、そういう人は既にある意味で賢いのです。殆どの人は「自分は馬鹿じゃない、何時も正しくて賢い」と思って生きています。そこに大きな思い違いがあるのです。自分は賢いと思っているのに、法話で説いていることは、「あなた方はどうしようもなく愚かで悪人だ」と言っているわけですから、両者がしっくりと噛み合わないのです。そこのところを親鸞聖人の和讃は、次のように指摘されております。

外儀のすがたはひとごとに
賢善精進現ぜしむ
貪瞋邪偽おおきゆえ
奸詐ももはし身にみてり

（『真宗聖典』五百八ページ）

人は、外見を繕い、自分は善人で賢く何時も真面目である、と見せかけているけれども、本当はそうではないでしょう？　胸に手を当ててよく考えてみてください。常に貪り、怒り、邪な心、偽りの心、悪巧みが腹の中にいっぱい詰まっているのではありませんか。本当の善人ではなく、善人を装っているだけなのです。真実を偽っているのです。これが親鸞聖人の魂の叫びなのです。釈尊の教えは、なるほどその通りですが、愚かな生身の人間はどのように努力しても、涅槃、解脱などという悟りの境地には到底なり得ないのではないか。罪悪生死の凡夫にそれができる、あるいはできた、と言うのは全くの偽善である、と言うのです。さらにこの後に、

悪性さらにやめがたし
こころは蛇蝎のごとくなり。
修善も雑毒なるゆえに
虚仮の行とぞなづけたる。

（『真宗聖典』五百八ページ）

と、続きます。ただ、悪の権化として譬えられた蛇や蠍は、大いに迷惑かもしれません。
この言葉の出所を辿れば、親鸞聖人が師事する法然上人、法然上人が偏に崇拝する善導和尚に行き着きます。善導和尚は、中国浄土教の祖師曇鸞大師（４７６－５４２）、道綽禅師（５６２－６４５）の流れを汲む、いわゆる七高僧の一人です。彼は、「観無量寿経」の中に

出てくる経文の「深心」について「観無量寿経の解説書」に次のように述べています。

深心は深く信ずる心であり、二種の深信がある。

第一には深く信ず。自身は現にこれ罪悪生死の凡夫にして、曠劫より以来《このかた》、常に没し常に流転して出離の縁あることなし。

第二には決定して深く信ず。かの阿弥陀仏は四十八の本願力をもって衆生を摂受す。疑いなく慮りなく、かの願力に乗じ、必ず往生を得。

（塚本善隆・梅原猛『仏教の思想8　不安と欣求〈中国浄土〉』二百二～二百三ページ）

第一の深信を「機の深信」と言い、第二の深信を「法の深信」と言っています。「機」とは、生き物、つまり人間のことです。この私の日常の在り方を深く内省すれば、「善」と付く文字はどこにもないのです。気の遠くなるような大昔から、人間は常に無明の世界に沈没したまま輪廻転生を繰り返している、ということです。親鸞聖人が言われるように、地獄は一定すみかぞかし。

（『真宗聖典』六百二十七ページ）

であり、そこから浮かび上がれる縁などあるわけがない、という絶望の自覚。これが「機の深信」というものであり、本当の信心とはこういうものだ、と善導和尚は説いているのであります。ドイツの詩人で哲学者でもあるフリードリヒ・ウィルヘルム・ニーチェ（1844—1900）は、「人間の大半は悪人である。しかし、多くの人は、自分は善人であると思っている。自分は悪人であると思っている人はほんの僅かであるが、そういう人たちこそ人間として本当に望ましい生き方である」という趣旨のことを述べています（中島義道『善人ほど悪い奴はいない——ニーチェの人間学——』参照）。彼は、東洋思想にも深い関心を持っていたと言われていますが、この言葉は、善導和尚の考えに一脈通じているものがあると思います。

このような私たちであるにもかかわらず、阿弥陀仏は本願力をもって私たちを摂受している、つまり、他力によって既に生かされているのだ、という事実に気づき、それに心身を委ねて謙虚に生活するならば、必ず往生することができます、というのが「法の深信」であります。「機の深信」が成就すれば、同時に「法の深信」も成就します。逆に「法の深信」が成就すれば、同時に「機の深信」も成就するのです。片方の意味が分からなければ、もう片方の意味も分からない、という関係になります。経文に「即得往生」という言葉がありますが、この二種の深信をもって成立するものであると考えられます。

親鸞聖人の『教行信証』（顕浄土真実教行証文類）「教の巻」の冒頭に、

謹んで浄土真宗を按ずるに、二種の回向あり、一には往相、二には還相なり。往相の回向について、真実の教行信証有り。

（『真宗聖典』百五十二ページ）

とあります。浄土真宗には、往相と還相の二種の回向がある、というのです。往相回向とは、「機の深信」で述べました「出離の縁あることなし」と自覚し、往生を願って菩提心を起こして精進する相《すがた》。還相回向とは「阿弥陀仏は四十八の本願力をもって衆生を摂受するぞ」という仏からの呼びかけです。この二つが一つになること、それが念仏のすがたであります。

また、無量寿如来の慈悲に感謝し、不可思議光の智慧に随います、というのが念仏です。しかし、不可思議光の智慧に随うことがどうしてもできないこの身であることを自覚すれば、ただ、「ごめんなさい」と頭を下げるほかはないのです。このように頭が下がらなければ、仏法がこの身に届くことはないのです。雨水を溜めようとしてバケツを外に出しても、そのバケツが伏せられていたのでは水は溜まりません。頭を下げるということは、バケツの口が上に向くということです。

ところで、仏教においては、どの宗派も必ず念珠を用います。お寺に参るときや葬式などの仏事には必ず持参しますが、その念珠の意味や役割を知っておられる方は少ないと思います。「数珠」とか「誦珠」「呪珠」とも言われています。田上太秀著『仏教の真実』(百五十八ページ以下)によれば、数珠のサンスクリット原語の意味には二つあって、お経や呪文をそらんじて読むときに使う「丸い輪」という意味と、経文や呪文を唱えるときの数取りの役割を示すもの、という意味があるそうです。仏教だけでなく、ヒンズー教でも使い、また、キリスト教ではロザリオと言っています。仏教では百八の煩悩を消滅することを念じて、百八個の珠を使用していたこともあり、一般には厄除けのためであったとも考えられています。しかし、この念珠は釈尊の時代には使われた形跡がないといいます。いつ頃から使われ始めたかについては、はっきりと分からないそうですが、学者の研究では、二、三世紀の頃からではないかと言われています。

この念珠について、私は大きな意味を発見したと思っています。念珠を長く使っていると、芯の紐が切れて珠がバラバラに散ってしまいます。その紐のことを、サンスクリット語でスートラ（sutra）と言うそうです。スートラとは、もともとはインドの貴人が身に着けていた瓔珞（装身具）の珠を保持するための芯となる紐のことだそうですが、その紐は目には見えないけれども、瓔珞を一定の形に保持するはたらきがあることから、転じて経とか法・真理という意味に使われるようになった、ということです。『正信偈』の中に、

依修多羅顕真実　修多羅に依りて真実を顕して

（『真宗聖典』二百六ページ）

という句がありますが、その「修多羅」とは、スートラのことであります。そのスートラが丸く繋ぎ止めている念珠の珠は、「煩悩」ではなく、この世界の「物事」を表している、と私は考えています。念珠の紐は外からは見えませんが、その見えないもの、即ち法というものによって世界の物事は秩序を保って存在しているのです。その秩序の外にぶら下がって揺れているのが念珠の房、これが即ち「煩悩」の象徴なのです。

念仏をするときやお祈りをするときは、必ず合掌します。何故両手を合わせるのか、と言えば、片方の手、たとえば、右手が法即ち仏のはたらきとすれば、左手が煩悩に汚れた私の手で、これがぴったりと合体して一つになる、ということなのです。浄土真宗では、この両手の親指と人差し指の間に念珠をかけます。ヒンズー教では「梵我一如」ということが言われるそうですが、念仏の姿は、仏とこの私は一つ、不二である、ということを顕しているのであります。南無阿弥陀仏の「南無」を形で顕したのがこの姿、ということになるのだと思います。また、片方の手が環相回向、もう片方の手が往相回向であり、合掌はこの二つが成就することを願う菩提心を顕している、ということにもなるのではないでしょうか。

そう願う合掌の下で揺れている「煩悩の房」があります。この房は、私たちがどのように努力してもとれないのですが、浄土真宗では、これが邪魔にはならない、と言うのです。『正信偈』には、

能発一念喜愛心　よく一念喜愛の心を発すれば、
不断煩悩得涅槃　煩悩を断ぜずして涅槃を得るなり。
凡聖逆謗斉廻入　凡聖、逆謗、ひとしく廻入すれば、
如衆水入海一味　衆水、海に入りて一味なるがごとし。

（『真宗聖典』二百四ページ）

とあります。「喜愛の心」というのは信心のことです。信心さえちゃんと決定して弥陀の本願力に随うならば、煩悩があっても邪魔にはなりません。凡人も聖者も五逆を犯した者（父を殺す。母を殺す。阿羅漢を殺す。仏の体を傷つける。サンガを破る）も仏法を謗る者も、回心して信心が決定しさえすれば、多くの異なる水質の川水が海に流れ込めば単

に塩辛いだけの一味となるようなものだ、と言うのです。

この房になっている糸は、数え切れないほどもじゃもじゃとしている物もありますが、六本だけの物もあります。多い物は煩悩の多いことを表し、六本の物は既に述べました六つの基本煩悩や六道を表しているとも考えられます。

このような合掌の先に続いている道が、往生への道というものではないでしょうか。

九、悪人正機とは

『歎異抄』の第三条に、

善人なおもて往生をとぐ。いわんや悪人をや。しかるを、世のひとつねにいわく、悪人なお往生す、いかにいわんや善人をや。この条、一旦そのいわれあるににたれども、本願他力の意趣にそむけり。そのゆえは、自力作善のひとは、ひとえに他力をたのむこころかけたるあいだ、弥陀の本願にあらず。しかれども、自力のこころをひるがえして、他力をたのみたてまつれば、真実報土の往生をとぐるなり。煩悩具足のわれらは、いずれの行にても、生死をはなるることあるべからずをあわれみたまいて、願をおこしたまう本意、悪人成仏のためなれば、他力をたのみたてまつる悪人、もっとも往生の正因なり。よって善人だにこそ往生すれ、まして悪人はと、おおせそうらいき。

（『真宗聖典』六百二十七ページ）

という、有名な文章があります。これが、いわゆる「悪人正機説」の論拠となるもので、親鸞聖人の専売特許みたいに言われていますが、元をただせば、法然上人の著作の中に既にこの「悪人正機」の文言があり、さらにその源を辿れば、善導の言われる「機の深信」にその意をくむことができる、と私は考えています。

何故悪人が往生するのかについて、その意を解く鍵は、「そのゆえは、自力作善のひとは、ひとえに他力をたのむこころかけたるあいだ、弥陀の本願にあらず」にあると思います。要するに、「自力作善のひと」というのは、既に述べました他力のいわれを知らない、本願のはたらき即ち宇宙を支配する普遍的法則の存在に気付かずに、自己中心的で、自分の力だけをたのみにして生きているのです。「こころは蛇蠍のごとく」であるのを覆い隠し、善人を装っているから、そこに真実というものがない。弥陀の本願に逆らっているという自覚がないのです。信心の人と言うにはおよそ遠い存在であります。しかし、そういう人は外見上一応善人ですから、そんな人に対して阿弥陀様は、「わしゃもう知らん！」とは言いませんが、「本当の」往生は難しいぞ、と親鸞聖人は述べておられるのです。

これに対して、自らを「出離の縁あることなし」と自覚している悪人は、ありのままに自分の真実をさらけ出していますから、本願に矛盾するところがない。本願に順ずることが「機の深信」であり、また「法の深信」でありますから、「往生をとぐ」と言うのであります。「悪人正機」というのは、「悪人の自覚こそが正しい機」であると言うのです。ニーチェもこのことを言っているのだと思います。

自力作善の人は、たしかに、真面目で一所懸命に努力して、人のために尽くしていこうという気持ちで頑張ってはいますが、自分が量り知れない多くの縁によって生かされている、ということに気付いていませんから、つい「私がこんなに頑張っているのに、誰も正当に評価してくれない」という不満を懐いてしまうのではないかと思います。「私がしてやっている」という意識が抜けませんから、口には出しませんが、何がしかの対価又は感謝の言葉を期待し、それが裏切られると心の平穏を保つことが難しくなるのです。そういうことを内にため込んでいると、何時か大きな怒りとなって爆発する危険性を孕んでいます。しかし、一応善人として振る舞っている限りにおいては、大して害を及ぼさないであろうから、全く否定はしませんが、往生浄土の正客ではありませんよ、ということが『教行信証』の「化身土の巻」に詳しく述べられています。「化身土」というのは、本当の浄土ではなく、幻想の浄土なのです。また、無量寿経には、「疑城胎宮」という言葉があります。疑いの城、子宮のような狭いところという意味です。狭いところに閉じ込められて真実の広大な世界を知らないのです。こういう人は、往生しても浄土の端っこに肩身の狭い思いでひっそりと座らされ、そこに五百歳留まるとも言われます。自己の真実に眼を覆って悪人の自覚がなく本願（他力）を疑っている間、浄土の正客ではない、と言うのです。自力の善人はこのように浄土の正客ではありませんが、それでも一応往生することはできます。無量寿経の第十九願には、

第十九願（修諸功徳の願）もしわれ仏を得たらんに、十方の衆生、菩提心を発し、諸々の功徳を修め、至心に発願して、わが国に生ぜんと欲せんに、寿終わるの時に臨んで、もし大衆とともに囲繞せられてその人の前に現ぜずば、正覚を取らじ。

【現代語訳】

たとえわたしは仏となることを得ても、もし十方の衆生が、菩提心をおこして、もろもろの功徳をおさめ、心をいたして発願して、わが浄土に往生しようと欲するのに、その人の命終に及び、もしわたしが、大衆に取り囲まれて、その人の前に現われることができなかったならば、わたしは正覚を取らぬ。

（増谷文雄、同前、百八十一ページ）

とあります。これはあくまでも善人として、倫理、道徳に徹して真面目に生きようと心がけてはいるが、自力をたのみ、本願（他力）を疑っている人の往生について述べているのであります。善行に努め、その功徳によって何とか浄土に往生したいと願っている人については、臨終の時に阿弥陀仏が大勢の菩薩を連れて浄土からお迎えに来る、と言うのです。これを来迎または臨終往生と呼んでいます。次の第二十願も臨終往生を謳っています。

第二十願（植諸徳本の願）もしわれ仏を得たらんに、十方の衆生、我が名号を聞いて、念をわが国に係け、もろもろの徳本を植え、至心に廻向し、わが国に生ぜんと欲して、果遂せずんば、正覚をとらじ。

【現代語訳】

たとえわたしは仏となることを得ても、もし十方の衆生が、我が名号を聞いて、心を我が浄土にかけ、もろもろの徳の根本をつちかい、至心に廻向して、我が浄土に往生しようと欲し、それを遂げることができなかったならば、わたしは正覚をとらぬ。

（増谷文雄、同前、百八十二ページ）

これは、一心に念仏して少しでも多くの徳の根本を身につけ、その回向をもって極楽往生を願う、というものです。しかし、自力をたのみ、本願力を疑っている点においては、第十九願と同じでありますから、これも臨終往生なのです。藤原頼通（992―1074）は、父道長（966―1027）が建てた宇治の別荘（平等院）を寺に改装して、鳳凰堂を建立し、平安中期の仏師定朝（?―1057）作の阿弥陀如来像を安置して、臨終における阿弥陀仏の来迎を願い、毎日六万遍も念仏していたと伝えられています。さらに臨終の際は、阿弥陀仏像の前に寝て、自分の五本の指と阿弥陀仏像の指とをそれぞれ五色の紐で結び、絶対に地獄へ堕ちないように念じていたと言います。ということは、結局最後の最後まで、阿弥陀仏の本願を疑っていたということでしょう。

そういう「善人」でさえ一応往生はするのだから、本願力（他力）を信じ、これに「生かされている」ことに感謝し、我が身の悪性に慚愧と懺悔の念を持して謙虚に生きる人、つまり、ここで言うところの「悪人」が往生しないはずがない、というのが「悪人正機説」というものです。私はそのように理解しています。

親鸞聖人の言われる「悪人」とは、一般に言われる犯罪者のような悪い奴のことではなく、真実に目覚め、我が身の悪性を本当に受け入れることができた人です。そういう自分を本当に信じられるようになった人のことを言うのです。既に述べました「機の深信」です。しかし、これが至難の業なのです。「自信教人信」という言葉があります。「自らを信じ、人をして信ぜしむ」ということですが、ここで言う「自信」とは、何かができるという自信ではなく、本当の自分に納得できた、自分の悪性が信じられるようになった、ということなのです。

ところが、いつのまにかこの「悪人正機」が誤解され、真宗門徒は何をしてもいいんだ、悪い奴ほど救われる、と思っている人がいました。悪行を繰り返せば繰り返すほど、阿弥陀仏の救いが確実になる、と誤解され始めたのです。「造悪無碍」（悪事は往生の妨げとならない）、と言って「放逸無慚」（好き勝手をしながら他に恥じない）に振る舞う。親鸞聖人が布教していた関東の地でも、そういう人たちが現れ問題を起こしていました。いわゆる「本願ぼこり」と言われるものです。そういう人たちに親鸞聖人は、「薬があるからと言って毒を好むべからず」と厳しく戒めています。そのことを、常陸の国の同行宛と見られる、親鸞聖人の次の書簡に窺うことができます。

……（前略）煩悩具足の身なれば、こころにもまかせ、身にもすまじきことをもゆるし、口にもいうまじきことをもゆるし、こころにもおもうまじきことをもゆるして、いかにもこころのままにあるべしとまうしおうてそうろうらんこそ、かへすがへす不便におぼえそうらえ。えいもさめぬさきに、なおさけをすすめ、毒もさえやらぬものに、いよいよ毒をすすめんがごとし。くすりあり毒をこのめ、とそうろうらんことは、あるべくもそうらはずとぞおぼえそうろう。仏のちかいをもきき、念仏ももうして、ひさしうなりておはしまさんひとびとは、この世のあしきことをいとうしるし、この身のあしきことをいといすてんとおぼしめすしるしもそうろうべしとこそおぼえそうらえ。（以下略）

（『真宗聖典』五百六十一ページ）

右のお手紙の中で親鸞聖人は、「念仏を申す人々は、この世の悪しきことを厭うしるし、この身の悪しきことを厭い捨てたいと思うしるしが、形として現れなければだめですよ」とも諭しておられます。にもかかわらず、さらに、「煩悩具足の身であるからといって、心にまかせて、してはならないことをし、言ってはならないことを言い、思ってはならないことを思い計り、いかにも、心のままにあることが良いのだ、と言い触らしているとは、かえすがえすも残念なことだ」と述べています。「酔いが醒めてもいないのに、さらに酒を勧め、毒が消えてもいないのに、いよいよ毒を勧めているようなものだ」とも言っておられます。

「この世の悪しきことを厭うしるし、この身の悪しきことを厭い捨てたいと思うしるし」というのは、損か得か、勝つか負けるか、好きか嫌いか、快か不快か、というようなことに身をすり減らしながら生きている、そういう世の中を厭う、ということ。そういう二項対立の世界に執着する自分や心の赴くままに貪り、怒りを剥きだしの我が身の在り方というものを許せない、恥ずかしいと思う心。念仏をする人は、そういうものが日頃の生活態度として現れてこなければならないのだ、と言うのであります。「造悪無碍」は、阿弥陀仏が衆生を救済する際に言う言葉であり、「悪人正機」というものが「放逸無慚」を許しているとか、ましてやそれを勧めているなどということでは決してないのです。「造悪無碍」ということの意味は、過去の悪事は救済の障碍とはならない、ということ。今、現在の生き方が弥陀の本願に順じたものであるならば、往生の妨げとはならない、ということだと私は理解しています。ただし、それで過去の罪がなかったことにする、ということではないと思います。造悪の責任を免れることはできないのです。しかし、現在でもこのことを誤解している人は、少なくないかもしれません。

あるお寺の彼岸会か何かの法話の席に、若い男の人がお参りして、熱心にご法話を聞いていたそうです。それを見た講師の方が、「お若いのによくお参りに来て下さいましたね」と、お声をかけられましたところ、その若い男の方が言われるには、「実は、私のところのおばあちゃんが熱心にお寺参りをするのですが、普段の生活はとても我が儘で、頑固で腹の立つことばかりするのです。それで、お寺ではどのようなお話をされているのかと思いまして、今日聞きに来たのです」とのことでした。

おそらくそのおばあさんは、お寺で「そのままで良い」というお話を聞いたことがあるのだと思います。「そのままで良い」というのは法話の中の譬え話でありまして、私も聞いたことがありますが、こういう話です。

ある男が極楽浄土におられる阿弥陀様に、「私はこれまで悪いことばかりしてきました。どうしようもなく悪い人間で、死んだら間違いなく地獄に堕ちる身だとは思っていますが、そんなところには行きたくないのです。何とか助かる道はないものでしょうか」と言って、深々と頭を下げてお尋ねしましたところ、阿弥陀様は、「そのままで良い、そのままで来なさい」と言いました。男は喜んで顔を上げ、「えっ、このままで良いんですか？」と言いましたところ、阿弥陀様は、「いや、そのままで良いんです」と言うのです。男は、「ですから、このままで良いんでしょう？」と言うと、阿弥陀様は、「違う、そのままだと言っているのです」と言いました。男は少し考えてから、頭を下げて、「はい、分かりました」と答えました。

どういうことかお分かりになったでしょうか。禅問答のようですが、講師の方からは、これについての説明はありませんでした。かのおばあさんもこの話を聞いて、「そうか、このままで良いんだ」と思ったに違いありません。お寺でお墨付きを頂いた、と思って自分の好き勝手に生活していたのだと思います。

実は、これはおばあさんの大きな誤解なのです。このおばあさんだけでなく、多くの人がこのお話を聞いて勘違いされているのではないかと思います。阿弥陀様が「そのまま」と言うのは、「男が自分の悪事を懺悔して深々と頭を下げ、阿弥陀仏にすがるさま」を言っているのであります。『歎異抄』第二条には、いずれの行も及びがたき身なれば、とても地獄は一定すみかぞかし。
（『真宗聖典』六百二十七ページ）

という言葉があります。このように、自分の悪性を自覚し、自力の心を捨てて一心に阿弥陀仏にすがり、念仏者として常に謙虚に生きること。凡夫が救われる道はこれしかない、と親鸞聖人は教えているのであります。「そのまま」ということと「このまま」と開き直っている姿とは、そのシチュエーションに大きな違いがあるのです。せっかくのご法話も、ここまでちゃんと説明して頂かなければ、とんでもない誤解を招く結果となるのであります。

この悪人正機説については、古来多くの人々が強い関心を示してはいるものの、一般的にはまだ誤解や勘違いが多いのではないでしょうか。

十、輪廻転生と霊魂

六道を経巡るという輪廻転生は、古代インドのバラモン教の聖典である「ヴェーダ」とか「ウパニシャッド」の中に既に見られる思想だそうです。「バラモン教」というのは、紀元前三千年頃、中央アジアに勢力を張っていたアーリア人の宗教でありますが、このアーリア人が紀元前千二百年頃、インダス川下流の、モヘンジョ・ダーロの都市を築いたインダス文明を滅ぼしてインダス川を越え、インドを征服したことから、インド全体に定着した宗教だと言われております。現在のインド人の多くが信仰しているヒンズー教は、このバラモン教の流れを汲むものであります。この宗教の特徴は、ブラフマン（梵天）という宇宙の根本原理である神とそれから派生する自然現象の一つ一つに固有の神の存在を認めていることです。映画『男はつらいよ』の寅さんで有名な東京葛飾柴又にある帝釈天は、もともとヒンズー教の暴風雨を司るインドラ神が仏教の守護神として取り入れられたもの、と言われています。これらの神をアートマン（我）である人間がコントロールするための儀式、即ち加持祈禱を司るバラモン階級を中心とする宗教をバラモン教と言いますが、後にインド土着の諸要素を吸収して変貌し、ヒンズー教として現在のインド全土に定着したとされています。

インドでは、古代からこのバラモン階級を頂点として、以下、政治を司る王族や武士を「クシャトリア」、一般の被支配階級を「ヴァイシャ」、最下層の奴隷を「シュードラ」とする四階級からなる四姓制度（ヴァルナ）が存在し、この階級間の異動が許されない、という極めて硬直した社会を形成しています。したがって、バラモンの子はバラモンとして、他の階級に変わることはないのです。これは当然他の階級についても言えることです。これを基本として、さらに一般被支配階級を職業毎に細分化した「カースト」というものがあり、いわゆる血筋によって職業が決定づけられているようです。カーストというのはポルトガル語から来たもので、「血統」という意味があるそうです。これは「ギルド」と言う中世ヨーロッパの都市で発達した商工業者の独占的・排他的な同業者組合のようなものかもしれません。

釈尊は、王族の子でしたからクシャトリアの階級に属しますが、人間が生まれながらにして階級をつけられ、差別されることに強く反対していました。「バラモンは、生まれながらにしてバラモンであるのではなく、その行いによってバラモンとなるのだ」と言っており、人間は生まれたときは全て平等である、と主張していました。沙門となった釈尊の思想の原点には、このような社会に対する反発もあったのではないか、と考えられます。しかし、そういうバラモン社会の底辺で根強く生き続けてきた輪廻転生という考え方が、何故そのまま仏教に受け継がれることとなったのでしょうか。

輪廻転生とは、六道、つまり、地獄、餓鬼、畜生、修羅、人、天という六趣の煩悩の世界を転々と生まれ変わりして、経巡り続けることです。ここから脱出することが、仏教で言うところの解脱というものです。釈尊は、死後の世界については何も述べていません。それがあるかないかは、解脱のための修行には関係がないからだ、と言われます。死後の世界があると言い、あるいはないと言っても、お互いにそれを科学的に証明することはできないのです。あると思う人にはあるのでしょうし、ないと思う人にはないのです。そういうわけで、六道輪廻という考え方が、仏教の中にもずうっと生き続けているのでしょう。

しかし、仏教では、「諸行無常」「涅槃寂静」とともに「諸法無我」ということが三法印（「一切皆苦」を入れて四法印とも言う）として説かれています。もともと「我」というものはないのだと言っているのですから、輪廻する本体がないはずなのです。なのにこういうことが根強く残っていることに矛盾を感じています。釈尊は、霊魂とか魂魄というものについて明言されていません。自分の亡骸は鳥や獣の餌にしてくれ、と側近の阿難に告げていたと伝えられています。また、親鸞聖人も、遺体は川に捨てて魚の餌にしてくれるよう願っていたそうであります。ですから、浄土真宗は、そういう霊魂とか魂魄というものを認めていないのです。人は死んだ後、

野辺におくりて夜半の煙となしはてぬればただ白骨のみぞのこれり。

（『真宗聖典』八百四十二ページ）

という言葉が、蓮如上人（１４１５－１４９９）の「白骨の御文」の中にあります。ところが真宗門徒の中にも、霊魂というものの存在を、未だに信じている人々が多いのです。

このように科学的思考に基づく理屈に合わないことが、民族の血というかDNAの中に刷り込まれているものがあります。輪廻転生の思想もこれと同じように、古代インドから中国、日本へと受け継がれてきたものと考えられます。しかし、この輪廻転生が一般に信じ込まれたことが、自由思想家と言われた沙門の生活や仏教のサンガの維持に大きく貢献したものと思われます。と言いますのは、生産手段を持たない彼らが生活するためには、乞食《こつじき》あるいは托鉢と言って一般在家の人たちから食物の布施を受けなければならなかったからであります。在家の人たちが何故そのような布施を行うかと言えば、彼らは、布施という徳を積むことによって来世にはもっと幸せな境遇（＝天）の下に生まれ変わることができる、つまり、輪廻転生を信じていたからだと思います。托鉢と布施というシステムがなかったならば、出家者の生活というものは成り立たなかったと考えられます。そして、このような来世への境遇に心を馳せることが、ひいては地獄極楽の思想を生み出してきたのではないでしょうか。

我が国の浄土教の祖と言われる源信僧都（942－1017）は、その著『往生要集』に、数あるお経の中から抜粋した地獄の様相について、執拗なまでにその凄まじさを描写しています。

第一に、地獄にもまた分ちて八となす。一に等活、二に黒縄、三には衆合、四には叫喚、五には大叫喚、六には焦熱、七には大焦熱、八には無間なり。

（石上善應『往生要集』二十八ページ）

これらの地獄を八大地獄と言っていますが、同書によれば、

①等活　殺生の罪を犯した者：果てしなく傷つけあう世界。
②黒縄　殺生・盗みの者：熱鉄の上で、黒縄のしるしにしたがって切られる。
③衆合　殺生・盗み・邪淫の者：赤熱のくちばしの鳥や剣の葉でできた林で苦を受ける。
④叫喚　殺生・盗み・邪淫・飲酒の罪：釜ゆでにされたりする。
⑤大叫喚　右の四つと妄語の罪：右の十倍の苦しみを受け、舌を抜かれる。

⑥焦熱　右の五つと邪見（悪い考え）の罪：もっとも熱い苦。
⑦大焦熱　右の六つと尼を犯した罪：右の十倍の苦。
⑧無間（阿鼻）父母を殺したり、仏を傷つけたりする罪（五逆罪）や十悪、仏法非難（謗法）の罪：救いようのない極苦。

（同右、三十二ページ）

と、簡単に説明されていますが、原文はまさに背筋が凍る程の凄まじさであります。たとえば、殺生の罪を犯した者が堕ちる、第一番目の等活地獄について、次のように描写されています。

初めに等活地獄とは、この閻浮提の下、一千由旬にあり。縦広一万由旬なり。この中の罪人は、互いに常に害心を懐けり。もしたまたま相見れば、猟者の鹿に逢えるが如し。おのおの鉄爪を以て互に掴み裂く。血肉すでに尽きて、ただ残骨のみあり。あるいは獄卒、手に鉄杖・鉄棒を執り、頭より足に至るまで、遍く皆打ち築くに、身体破れ砕くること、猶し沙揣《しゃだん》（＝土塊）の如し。或は極めて利き刀を以て分々に肉を割くこと、厨者の魚肉を屠るが如し。……（以下略）

（同右、二十八ページ）

殺生の罪に加えて、盗み・邪淫・飲酒・妄語・邪見・尼を犯す・父母を殺す・仏を傷つける等と罪を重ねることによって、順次酷くなり、最後の無間地獄は、頭を逆さまにして二千年の間下へ下へと落ちて行く、と言うのであります。

仏教は、五三八年欽明天皇（５１０－５７１）の時代に、百済の聖明王から釈迦像や経論が贈られて我が国に伝来した、と伝えられており、当初は、我が国古来の神と相協力して、鎮護国家の効能が期待されていたと言われています。鎮護国家というのは、天災地変・飢饉・疫病等から国民を護ることです。我が国古来の神である八百万の神たちに、国を挙げての祭祀や儀式を行っても、天災地変・飢饉・疫病等がなくなるわけではありません。それで仏教の力を借りようとしたのかもしれませんが、やはり、当然のことながら、そう思い通りにはならないことから、次第に仏教本来の目指すところである人間の苦悩救済へと変化を遂げてきたものと思われます。

「虫も殺さぬような顔をして」という言葉がありますが、殺生をしない人はいないでしょうから、このような地獄の様子をさらに絵に描いて一般に示されたときには、当時の貴族をはじめ一般庶民に至るまで、大変なショックを受けたものと想像されます。既に述べましたように、藤原頼通が平等院に鳳凰堂を建立して、念仏を毎日六万遍も称え、さらに臨終の行儀を行った際は、阿弥陀仏像の前に寝て、自分の五本の指と阿弥陀仏像の指とをそれぞれ五色の紐で結び、絶対に地獄へ堕ちないように念じていたと言います。

本来の仏教の救済思想というものは、出家して戒律を守りながら、仏陀（釈尊）と同じような修行をして悟りを開き、涅槃、解脱の境地に至ることですが、一般の人はそういうことができません。また、貴族のような儀式を行うことも到底適いません。では、そういう人たちは往生できないのか、という問題が生じてきたわけです。蝿や蚊を叩いて殺すのは日常茶飯事のこと、田んぼや畑ではミミズや虫を殺し、川や海の魚介類を食べ、山に入っては鹿や猪を殺し、牛や鶏の家畜を殺し、さらに極めつきは、戦にでもなれば人殺しもやってしまう。こういうことを全くしたことがない、という人はおりませんから、死ぬことがただでさえ恐ろしいのに、死後にそのような目に遭うことは耐え難い苦痛でありましょう。このような地獄の思想が、人の死を極端に忌み嫌う原因となったものとも考えられます。

北海道のある地方自治体の職員が、真宗大谷派の別院の輪番を訪ねて来てこう話しました。

「当自治体では、近いうちに新しい火葬場を建築する計画があるが、死体を焼却するにはかなりの燃料費がかかることが分かった。そこで、その焼却熱を無駄にしないために、冬季においては、それで蒸気を発生させて近辺の家庭に配管し、暖房用として活用したいが、宗教上何か問題があるでしょうか」

相談を受けた輪番は、「あなた方は、死者をどのように考えているのか。死人を焼いた熱が家の中を循環していることが分かったら、利用者は何と言うでしょうか。そんなことは絶対にいやだ、と言うに決まっているではないか」と答えました。

元検事総長の伊藤栄樹氏（１９２５－１９８８）が、『人は死ねばゴミになる』という本を書いて話題になったことがあります。彼は法律家ですから、ゴミを規制する法律である

「廃棄物の処理及び清掃に関する法律」（昭和四十五年制定）の解釈からすれば、たしかに、死体はゴミ（廃棄物）であることには間違いないのでありましょう。かの地方自治体の職員も、そのことが念頭にあったかどうかは定かではありませんが、クールに割り切って考えるならば、死体を焼いた熱であろうと石炭を焼いた熱であろうと、熱そのものに変わりがあるわけではありません。ですから利用者は、むしろ、死んでいった人たちのお陰で暖かい冬を過ごすことができる、と感謝しても良いはずです。また、死んでいく人たちも、そういうことで世間のお役に立つのであれば、最後のご奉公ができてあの世でも浮かばれる、と言って喜ばれるのではないか、と考えることもできます。しかし、そういうものには死者の霊というか、不幸にして亡くなった人の何らかの怨念が纏わり付いていて、利用する人たちに災いをもたらすのではないか、と考える人が多いことも事実であります。そういう人が一人でもいれば、火葬場の熱を利用するという計画は、破棄せざるを得ないと思います。理屈で説得できない問題が、そこには存在しています。

ギリシャ生まれのイギリス人で、明治時代に日本へ渡来して帰化した小泉八雲（本名ラフカディオ・ハーン：１８５０－１９０４）が、日本の伝説について取材した『怪談・奇談』

という物語の中に、「策略」と題する侍屋敷の主人と罪人の話があります。主人が屋敷内の処刑場で罪人の首を刎《は》ねようとしたところ、その罪人が凄い目つきで主人を睨み、「俺が死んだらお前に絶対に仕返ししてやる」と言いました。家来たちは、それを聞いて恐れおののいていましたが、主人は落ち着いて、「私はこれからお前の首を刎ねる。お前の目の前に飛石が一つある。首が刎ねられた後、あの飛石に噛み付いてみるがいい。もしお前の亡霊が怒り狂ってお前にそうした真似をさせることが出来ようものなら、私らの中に怯える者も出るだろう。だからその証拠を見せてみよ」と言いました。罪人は「絶対に噛み付いてやる」と言ったその瞬間、男の首が飛びました。たしかに刎ねられた首は、罪人が言ったとおり、飛石の端に「がぶっ」と噛み付きました。これを見た家来たちは震え上がりましたが、主人は平然として、「これでいいのだ」と言いました。つまり、主人が一枚上手だったのです。なぜなら、死ぬ瞬間において罪人は、飛石に噛み付くことだけしか念頭になく、主人に仕返しをするという怨念は消えているからです。小泉八雲は、霊魂の存在を前提としたこのような日本人の心理を巧みにとらえた物語を怪談話として多く残していますが、このようなことが今でも日本人の深層心理として根強く定着しているものと考えられます。

「地蔵菩薩発心因縁十王経」という偽経の話を前に述べましたが、たとえ偽経であると知っていても、昔からしていることを怠ると何となく気色が悪い、と言う人がいます。同じようにお盆の法要も、中国で作られた偽経とされる「盂蘭盆経」に基づくものであります。これは、神通力第一と称された釈尊十大弟子の一人目犍連《もっけんれん》が、その神通力をもって、死んだ自分の母親の境遇を見ると、餓鬼道に落ちて苦しんでいることが分かり、釈尊に救いを求めたところ、毎年陰暦の七月十三日から十五日を中心に種々の供物を供えて祖先を供養すれば救われる、と教えられて始められたと言われています。これは先祖を敬う儒教の思想が大いに影響しているものと考えられます。

平成三十年六月十七日の『読売新聞』「よみほっと日曜版」の「発言小町」の欄に、「義父母の残した仏壇を引き取りたくない」という匿名の女性の相談について色々な意見が出ていました。その女性は、「別居していた夫の両親の死後、実家に残された仏壇をどうするか、ということになったが、これまで夫の両親とは折り合いが悪く疎遠であったため、仏壇を自宅に置いたら、見るたびに嫌な思いをしなければならないので、引き取りたくない」と言うのです。これに対する投稿者の意見は賛否両論あって様々ですが、何れもその根底にあるのが、仏壇というものに何か生前に関わりあった人の霊のようなものが憑いているのではないか、という思いがあるように感じられます。位牌や遺影などを仏壇の中に置いて、その前で故人の在りし日を偲ぶ、という姿がよく見られますが、仏壇というものをそういうものだと思っている人が多いのは事実でありましょう。しかし、浄土真宗においては、お内仏と言って、その前に座って勤行、念仏するためのものであって、仏壇の中に先祖の霊が宿る、というような考え方はありません。お内仏の中には、ご本尊（南無阿弥陀仏の名号）または阿弥陀仏像をはじめ一定の作法に基づく荘厳の他に、位牌や写真などの余計なものを置かないのが、浄土真宗であります。宗派によって多少の違いはあろうかと思いますが、毎日仏壇の荘厳を行って勤行、念仏する人がおれば引き取るべきでありましょうし、そういう人がいなければ引き取るべきではないと思います。仏壇は、先祖や誰かの供養のためにあるのではないのです。『歎異抄』第五条には、

親鸞は、父母の孝養のためとて、一返にても念仏もうしたること、いまだそうらわず。

（『真宗聖典』六百二十八ページ）

と親鸞聖人が述べられたことが記述されています。

非業の死を遂げた人は、成仏できずに幽霊となって出てくるのではないかと怯える人がいます。昔は『深川情話』とか『四谷怪談』などの恐ろしい話が、映画にもなっていました。そういうことに怯える人は信心が決定していないのです。自分の小さな知恵の中であれこれと迷い、怯えているのです。「自己を運びて万法を修証するを迷いとす」という道元禅師の言葉があることは既に述べました。心と躰は一体のものですから、躰が死ねば心も消滅します。残るのは亡骸だけです。この亡骸は、高熱によるかバクテリアによる（腐敗）かの違いはあるものの、何れ水と炭酸ガスに分解し、少量の無機質が灰または骨となって残ります。人の死とはそういうものなのですが、人間の尊厳とか生前における関わりを考えれば、そういうふうに割り切ることも難しい。そこが厄介なところでしょうが、迷いは迷いとして自覚しながら、従来の慣習に従うのが賢明なやり方だ、と思う人はそのようにすればよいのではないか、と私は思います。

十一、宿業とは何か

『歎異抄』の第十三条の中に、

さるべき業縁のもよおせば、いかなるふるまいもすべし

（『真宗聖典』六百三十四ページ）

という言葉があります。人間は業の縁次第では何をしでかすか分からない、と言うのです。「魔が差した」という言葉がありますが、いかにも真面目で善良な人柄だと思っていた人が、とんでもない罪を犯すケースがよく報道されています。他人の特定の言動や行いに対して、突然キレるということもあります。自分自身をコントロールできなくなるのでしょう。このような現象の背景には、その人が持って生まれた「固有の何か」があるので

はないか、と仏教では考えているのです。それをその人の「宿業」だという言い方をしています。人間に限らず全ての生き物は、曠劫以来の縁によって薫習された「宿業」という膨大な情報を背負って生まれてくるものだ、という仏教の考え方が、DNAという遺伝子が発見されたことにより、科学的にも証明されました。キリスト教で言えば、『原罪』とでも言うのでしょうか。

西洋哲学では、人間は生まれたときは全くの白紙の状態であるが、そこから成長する過程においてあらゆる経験を積むことによって人間形成がなされるものだ、とする説があります。しかし、ドイツの哲学者イマニュエル・カント（1724－1804）は、彼の著書『純粋理性批判』の中で、「先験的悟性」ということを繰り返し述べています。悟性とは、感性に接触した環境を認識し、概念を構成する能力、と言われるもので、これが科学的思考の主体である、というのです。人間にはこういうものが、生まれて何事かを経験する前、即ち先験的に既に内蔵されている、ということをカントは主張しているのだと私は解釈しています。このように、人間の深層心に纏わり付く「定形的行為の情報」として、遺伝子（DNA）の中に組み込まれ、これが何かの縁で触発されたときに外見的行為として顕在化するもの、それが宿業というものである、と考えられます。

世親（ヴァスバンドゥ・天親：４００－４８０）の初期の著作に『阿毘達磨倶舎論』（アビダルマコーシャ＝倶舎論）というのがあります。この著書の中に、仏教で考えられている「宿業」を理解するヒントがあるのではないかと思います。

これによれば、この世界は一刹那毎に生成、消滅を繰り返しているものである、とされています。これを「刹那滅」と言います。一刹那とは極めて短い時間の単位です。百分の三秒という人がいますが、計算の根拠は分かりません。佐々木閑（１９５６－）氏によれば、これは丁度、映写機で一秒間に二十四コマのフィルムの画像を映写する動画のようなものだ、と言うのです。ですから、映写前のリールに巻かれているフィルムの画像は未来を表し、現に映写されている画像が現在を表し、映写後にリールに巻かれていく画像が過去を表している、ということになります（佐々木閑『仏教は宇宙をどう見たか』百十三ページ参照）。映写機に例えるには若干の無理はありますが、一刹那毎の判断が過去を規定し、その過去によって未来に現出する画像の中身が規定されるというのです。ですから、未来の画像は、映写される順序が決まった一本の連なったフィルムではなくて、ばらばらになった無数の画像が、巨大な袋の中に混在している状態であり、ある行為が過去に与える影響とそれに係わる諸々の縁によって、次に映写される画像の順序、つまり、現在のシチュエーションが決まる、と言うのです。我々は普通時間の流れを過去、現在、未来の順に流れると考えていますが、この理論からすると、物事の起こりは、過去、未来、現在の順に回ることになるのです。現在の特定の行為、即ち「業」が、過去から未来の行為を規定する。同じ業が何回も繰り返されることによって「定型的行為の情報」が強化され、その人の宿業として遺伝子に蓄積されていくものと考えられます。

遺伝子に蓄積された宿業は、先祖代々のものを受け継ぎ、そしてまた子々孫々に相続されていくのです。そして、その宿業の結果が現れるのは、その人の生存中か、子孫のどの世代なのかは、その時その時の環境から受ける縁による、ということになります。そうして現出した人間の行為には、責任能力のあるなしにかかわらず何らかの報いが付きまとい、これから免れることはできません。たとえば、法律に違反した者は、その報いとしての刑罰を受ける可能性から免れることはできないのです。また、不法行為によって他人に損害を与えた場合には、その損害に相当する賠償金を請求される可能性が生じることになります。法律的には「時効」という制度がありますが、被害者の恨みや自責の念は残ります。

ところで、このように考えますと、人間の自由な意志というものはあるのか、ということが問題となります。人間の行為には、たしかに多かれ少なかれ何らかの責任が伴います。しかし、人間の自由意志でないもの、即ち意志決定論的な原理に従うならば、その責任を問うことは、現在の法理論ではできないことになっています。我が国の刑法第三十八条第一項には、「罪を犯す意思がない行為は、罰しない」と規定されています。罪を犯すか犯さないかの自由な選択肢を保障されていないで行った行為は、主体的に罪を犯す意思があったとは認め難く、これを罰することはできないのです。行為の結果を認識し、それを実現する意思を持って行ったことが、何らかの犯罪の構成要件に該当する場合には、法律に定める刑罰を受けることになります。しかし、犯人が「それは宿業によるものであって、私の意思で行ったものではない」と弁解した場合に、これが認められるかどうかの問題があります。

この点に関して、『倶舎論』はどのように考えているかと言いますと、過去の宿業が廻り廻って現在に現れるその瞬間のシチュエーションに対応して、執るべき行為を右か左か判断して決定するのは、自分自身の自由意志によるものであるから、その直接の行為に対して責任を免れることができない、と言うのです。しかし、右か左かを判断する際にも、その人の持っている宿業の影響を強く受けるものと考えられますから、完全な自由意志というものはない、と主張する余地は残されています。

『歎異抄』第十三条には、

よきこころのおこるも、宿善のもよおすゆえなり。悪事のおもわれせらるるも、悪業のはからうゆえなり。故聖人のおおせには、「卯毛羊毛のさきにいるちりばかりもつくるつみの、宿業にあらずということなしとしるべし」とそうらいき。

（『真宗聖典』六百三十二ページ）

ということが述べられています。兎の毛や羊の毛の先に止まる、目に見えないような小さな塵ほどの罪（行為）であっても、宿業によるものでないものはないのだ、と言うのです。善いことをするのも悪いことをするのも全ては宿業によるのであると。つまり、既に述べましたように、全ては他力、自力無効ということであります。

そうすると法律違反の責任論や倫理、道徳はどうなるでしょうか。仏教の基本となる教えは、悪をなさず善を行え（諸悪莫作、衆善奉行）、ということですが、それは私たちが考える善とか悪とかいうものとは、どうも違うのではないか、と考えざるを得ません。『歎異抄』第一条の終わりは、次の言葉で結ばれています。

しかれば本願を信ぜんには、他の善も要にあらず、念仏にまさるべき善なきゆえに。悪をもおそるべからず、弥陀の本願をさまたぐるほどの悪なきがゆえに。

（『真宗聖典』六百二十六ページ）

要するに仏教は、法律や倫理、道徳のレベルで善悪を論じているのではない、ということです。宇宙を支配する因果の法則に従うのが善であり、因果の法則を無視したり妨げたりすることが悪なのであります。身に行う行為、言葉に発する行為、心に思うこと、即ち身口意の三業のすべてが、弥陀の本願に順じていることが念仏の証でありますから、これに勝る善はない、と言うのです。

現在の我が国の法体系では、「心に思うこと」だけを理由として処罰されることはありません。何らかの悪事を「企てた」だけでは、あらゆる法規制の対象とはなり得ないのです。心に思うことを立証することは不可能だからです。たとえ悪事を企てたことを自白したとしても、身体的行為又は他人に対する言葉としての行為が伴わなければ、犯罪の構成要件に該当せず、犯罪として成立しないのです。ですから私たちは何を考えようとも、それだけで止めておれば、世間的には、平穏な生活に支障はありません。しかし、仏教においては、悪い思いは悪業として、善い思いは善業として深層心の中に「しこり」のように残る、と言うのです。そして、それが宿業となって、悪業の因は悪果または苦果となり、善業の因は善果または楽果を生むことになる、と言います。

先にあげました世親の著作とされる『倶舎論』は、部派（小乗）仏教の一つである「説一切有部」の主張する理論であります。これは、原始仏教の思想を体系化した、六百頌の韻文からなる膨大な書物だそうですが、基本は「一切のものは存在する」とする立場です。これに対して、「一切のものは存在しない」という瑜伽行唯識派（以下「唯識」と言う）の考え方があります。世親は、最初部派（小乗）仏教に所属して仏教を論じていたようですが、十歳年上の兄無着（アサンガ）に感化されて大乗仏教に転向し、この唯識の思想を集大成して、『唯識三十頌』という著書を残しています。この唯識は、「一切のものは存在せず、ただ識のみ」と言うのです。この「識」というのは、現代風に言えば「情報」ということでしょう。たとえば、目の前にあるリンゴは、私たちの常識では、「赤い色をした直径十センチくらいの球で、表面がつるつるした甘酸っぱい匂いのする物体である」と認識し、「現実にその物体がそのように存在する」と考えていますが、それは、私たちの眼、耳、鼻、舌、身という感覚器官が得た「情報」に基づいて意《こころ》がイメージ（識）を形成し、「これはリンゴである」と認識したにすぎないのであり、存在するのは「リンゴというイメージ（＝識＝情報）」だけであり、現実にそのような物体が存在するのではない、と言うのです。したがって、この「私」という存在もない、つまり、無我ということになるのです。

この六つの感覚器官を「六根」と言います。「六根」が対象とする色、声、香、味、触、法の六つを六境（＝環境）と言い、六境から六根が得た情報を処理するところが、それぞれ眼識、耳識、鼻識、舌識、身識と言い、これらを総合的に処理するのが意識です。これを「六識」と言っています。やや難解なところへ踏み込んでしまいましたが、この六識までが我々が通常意識している心の在り方、つまり、表層心というものであります。ここまでは『倶舎論』と大きな違いはありませんが、唯識では、この表層心の下に隠れている第七識〈末那識《まなしき》〉と、第八識〈阿頼耶識《あらやしき》〉というものがある、と言うのです。氷山に例えますと、表面に出ているのが六識までの表層心であり、海面下に深く沈んでいるのが、末那識と阿頼耶識なのです。この末那識と阿頼耶識は、普通私たちが全く意識することのない深層心です。

この末那識の特徴は、四つの「我」(我見、我痴、我慢、我愛)に執着し、阿頼耶識を「我」と錯覚している、と言います。四つの「我」というのは、エゴの塊、つまり、自己中心の考えに凝り固まっている潜在意識です。そして、唯識を最も特徴づけているのが阿頼耶識です。この阿頼耶識というのは、録画用の磁気テープのようなものが、心の奥深いところで回っている、とイメージすると分かりやすいかもしれません。六境→六根→六識と流れる情報が、あるカテゴリーの単位で一個の種子《しゅうじ》となって、阿頼耶識という磁気テープ（記憶装置）に保存される、と言うのです。同種の種子が繰り返されることによって、阿頼耶識に保存されている種子（＝情報）が強化された形で更新されていきます。このため、「阿頼耶識」を「種子識」とも言います（また、アラヤというのはサンスクリット語で「蔵」という意味がありますから、別名「蔵識」とも言われます。このことから、曽我量深〈1875－1971〉は、これが「法蔵菩薩」というものではないか、と言われています）。六識から送られる情報に、すでに蓄えられた阿頼耶識の同種の種子が反応すると、これを末那識がキャッチして、そのエゴのフィルター（四つの我執）を通して、外見的行為として現出する、という仕組みになっている、と唯識では言うのです。このような阿頼耶識の種子に反応する末那識の習性が、ここで論じられている宿業というものではないか、と私は考えています。

ところで、フランスの哲学者ルネ・デカルト（1596－1650）は、「我思う、故に我あり」という、有名な言葉を残しています。全ての存在の有無を疑ったとしても、現にそれを疑っている自己の存在は否定できないから、「我はある」と言うのでしょう。ところが、唯識で「リンゴそのものは実在しない」と言うのであれば、実在しない物から情報が発せられることはありませんから、リンゴそのものを認識することは不可能です。ですから、「ただ識のみ」ということには矛盾があります。このことを唯識ではどのように説明するかと言いますと、それは「夢を見ているのと同じだ」と言うのです。私たちが睡眠中に見ている夢は、既に経験した情報も含まれてはいますが、全く見たことのない光景や、考えたこともない出来事が次から次へと展開されます。絶対に存在しないものが、あたかも存在しているものの如く、イメージとして湧き出てきます。私たちは、この現実の世界を、夢から覚めた状態で認識していると考えていますが、実は「それも夢である」と言うのです。その夢は何処で作られるかと言いますと、全ては阿頼耶識の仕業だ、と言うのです。

さて、現代科学の大きな成果の一つは、DNA（デオキシリボ核酸）の発見とその解析ではないかと思います。これは、全ての生物の細胞の中にあって、縄梯子のようなものが捻れて連なっているような形をしていると言います。その梯子の横棒に当たる部分に、アデニン、グアニン、シトシン、チミンという四種類の塩基があり、この配列の組み合わせによってあらゆる情報が記憶されているそうです。その塩基の配列によって生物の特徴が遺伝子としてプログラミングされ、これに従って一つ一つの細胞がレゴブロックのように組み立てられ、特有の形と機能を持つ一個の生命体として完成されていく、と言うのです。これは子々孫々に遺伝されていきますから、一個の生命体は、必ず親である雄と雌の遺伝子を共有します。その親もまたそれぞれの親（雄と雌）の遺伝子を共有する、という具合に何処までも遡っていくと、約三十八億年前のＤＮＡに理論上は辿り着くことになりますが、実際にどうなっているかは、私には分かりません。しかし、ひょっとすると、唯識で考えられている末那識や阿頼耶識というのは、このＤＮＡと同じものではないかと、私は考えています。そして、それにプログラミングされているもの、それが仏教で言うところの「宿業」であると考えられます。

十二、浄土は何処にあるか

「仏説阿弥陀経」のはじめの方に、「西方十万億土に極楽という世界があって、阿弥陀仏が今現在説法をしている」ということが書かれています。この「極楽」というのが「阿弥陀仏の浄土」のことでありまして、「極楽浄土」という言い方もしています。読んで字の如く、極めて楽で清浄な場所ということでしょう。それが西方にある。何故西方なのでしょうか。おそらくその極楽というものには、「死」というものと切り離せないイメージがあって、太陽や月が毎日西に沈むことから、全てのものは、死ねば西方の何処かとてつもなく遠いところへ行ってしまうのではないか、と考えられていたのではないかと思われます。十万億土という距離がどのくらいのものかも分かりませんが、とにかく人間が考えられる最も遠いところ、というくらいの意味ではなかろうかと想像しています。

浄土真宗では、その浄土に生まれることを「往生」すると言います。「往生」というのは既に述べましたように、大宇宙にはたらく因果の法則、即ち弥陀の本願他力を信じて念仏の生活を堅持すれば、そこに広がる世界がそのまま極楽浄土でありますから、その状態を言うのだと、私は理解しています。この世に生きたままで往生するのか、死んでから往生するのか、につきましては、宗派によって見解を異にしていますが、真宗大谷派は、前者が親鸞聖人の教えの真意である、と受け止めております。弥陀の本願他力を疑っている者には、浄土はとてつもなく遠いところにある、ということになりますが、信心決定の者には最も近いところ、即ち今、此処にあるものだ、と言っていいのではないでしょうか。

人間は死ねば一切の苦や煩悩は、肉体と共に消えてしまいますから、絶対的な涅槃寂静の状態になるでありましょう。全ての生き物は必ず死にますが、信心があるなしに関係なく、この点は平等なのです。しかし、私がここで問題にしていますのは、死後の世界がどうなるのかということよりも、今現在生きているこの私がどういう世界を生きていくのか、あるいは生きていくべきなのか、ということであります。死後の世界をあれこれ言い募ったところで、死後の世界から生き返った人はいませんから、誰も証明できないのです。誰も証明できないものを、ああだこうだと議論しても、何の意味もないと思います。それよりも、せっかく頂いたこの命を、勝ったの負けたの、好きだの嫌いだの、損だの得だのということだけに取り憑かれたように生きていて良いのか、ということの方を、もっと真剣に考えるべきなのではないでしょうか。

人の死後に残るものは何でしょうか。私の経験上はっきり言えることは、それは、亡くなった人と何らかのご縁で係わったことのある人の、それぞれの心の中に、その縁の強弱の度合いに応じた量の「情報」として存在している、ということです。別の言い方をすれば、そういう人たちの心の中に生きている、と言うこともできるのではないでしょうか。その人のことを想い出して、懐かしさのあまり涙するか、寝た子を起こしたように憤りが込み上げてくるか、の違いはありますが、心の中のイメージとして存在し、やがて時間とともに薄れていくものであります。亡き人の想い出が快いものであれば、その人は極楽に居ることになり、怒りが込み上げるほど不快なものであるときは、地獄みたいなところに居ると言えるのではないでしょうか。ですから、生きている人の想い出が楽しいものか、悲しいものか、あるいは憎いものであるかによって、亡き人の境遇が決まる、とも言えるのではないか、と私は思っています。

それはさておき、この世の浄土は何処にあるのでしょうか。弥陀の本願他力を疑っている者には、浄土はとてつもなく遠いところにあるが、信心決定の者には最も近いところにある、ということを既に述べました。それで、考えるヒントは、頭の体操ではありませんが、「この地球上で自分から最も遠く、かつ、最も近い所は何処か」であります。この地球上で自分から最も遠い所は、南米の何処かの国を想像されるかもしれませんが、ヒントの要件を満たしていないことは明らかです。人によって色々な考え方があると思いますが、私が考えましたのは、それは自分の「後頭部」である、ということです。この地球上の何処に立っていても構いませんが、その場所を起点として前方に真っ直ぐ進んで行くと想像すれば、地球は丸いので、理論上は元の起点、即ち自分の後頭部に辿り着きます。その地点が自分から最も遠く、かつ、最も近い所なのです。それは自分の後頭部以外にないのです。

目の前に展開する世界は、生死の世界、迷いの世界で、これを穢土と呼んでいます。自己中心のエゴ丸出し、色と欲の世界であります。この世界を何処まで前に進んでいこうとも、絶対に浄土には辿り着けません。たとえ地球を一周したとしましても、後頭部も一緒について行くからです。しかし、既に述べましたように、広大な宇宙を支配する因果の法則を体とする阿弥陀仏を心に念ずるならば、即時に十万億土を超えて極楽浄土に住することができると、私は考えています。これに気付いた時に、阿弥陀仏の浄土は、目に見えない所ではありますが、自分に最も近い所、即ち自分の後頭部に展開する世界に存在するのです。迷いの世界を見つめている目を閉じて、阿弥陀仏を憶念すると、そこに浄土がある。このことは、「正信偈」の次の句によって確かめることができます。

憶念弥陀仏本願　弥陀仏の本願を憶念すれば、
自然即時入必定　自然に即の時必定に入る。

（『真宗聖典』二百五ページ）

「必定に入る」というのは、往生するということでしょう。これは七高僧の最初に登場する龍樹（ナーガールジュナ：１５０－２５０頃）の教えとして紹介されているものであります。「十万億土」というのは、物理的な距離を言うのではなくて、私たちの心の中にある障壁の厚さを言っているのかもしれません。本願を疑う者にとっては、地球を一周するほどの壁かもしれませんが、信心が決定すれば、その壁は瞬時に消滅するのでしょう。

目をつむって迷いの世界を遮断し、後頭部に展開する阿弥陀仏の世界を念じていますと、背後から自分の後ろ姿を見ているもう一人の自分が現れていることに気付きます。そして、そのもう一人の自分が常に私の行動、言葉、思っていることをチェックしているのです。「誰も見ていないと思って、そんなことをしちゃ駄目ではないか」とか、「もっと優しく、穏やかに話しなさい」とか、「そんなつまらないことを思わない方が良い」とかいうようなことを、後ろで囁くのです。また、「今、怒っているぞ」とか、「少し欲の皮が突っ張っているぞ」とか、「そのような卑怯なことを考えるものでない」とも言ってくれます。それに気付いてハッとすることがよくあります。弥陀の本願力を感知するとは、こういうことではないか、と私は思っています。しかし、静かに胸に手を当てて振り返ってみれば、そのような忠告に耳を塞いで、本願力に逆らっていることが多いのです。だから私は、毎日お内仏の前で、生かされていることに感謝して「ありがとうございます」という気持ちと、何時も本願に逆らっていることに対して「ごめんなさい」という気持ちを込めて、お念仏しています。そのお内仏の前のわずかなエリアに座っているときが、私にとっては浄土に往生しているときなのだと思っています。しかし、そのことも忘れ、うわの空でお念仏しながら、ろくなことしか考えていないことが多いのも事実であります。本当にごめんなさい。南無阿弥陀仏。南無阿弥陀仏。南無阿弥陀仏。……

あとがき

仏教徒でありながら、子や孫に「仏様ってなあに？」と聞かれて、ちゃんと分かりやすく答えられる人がどのくらいおられるでしょうか。何十年もお寺参りをしてこられた人でも、これは、かなりの難問ではないかと思います。外国人から「あなたの宗教は何ですか？」と聞かれて、「私は無宗教です」と答える人が多いと聞きます。日本人の多くは、先祖代々仏教徒のはずでありますが、その返答が上手くできないために、ついそのように答えるそうであります。うかつに「私は仏教徒です」などと答えますと、「仏教ってどんな宗教ですか？」と聞かれますから、「無宗教です」と言えば無難なのですが、外国人にとっては理解に苦しむところでしょう。

日本人は「無宗教だ」とは言っても、「無神論者だ」とは言わないのです。ほとんどの日本人は死ねば仏教で葬式を行います。また、クリスマスを祝い、正月には神社に参り、お彼岸やお盆には先祖の墓参りにいき、神前で結婚式を行う人が多いのです。決して宗教と無関係に生活しているわけではないのです。

親鸞聖人はかつて「聖道の諸教は、行証久しく廃れ、浄土の真宗は、証道今盛んなり」（『真宗聖典』三百九十八ページ）と言われております。ところが、それから七百五十年以上経過し、真宗門徒の信心・法義相続がどのように変わってきたのでしょうか。実態は極めて悲観的であると誰しも思うところでありましょうが、何故このような事態になったのかを、我々はもっと真剣に考えるべきではないかと私は思います。

日本人はもともと中途半端でいい加減なところがあると言われております。鴨長明という人は日本人を評して「泥を切るが如し」と言ったそうです。切っても切っても手応えがない。また「風になびく草」のようだとも言ったそうです。そういう日本人の意識にトリモチのようにこびりついているものがあるようです。友引に葬式をしない、結婚式は必ず大安の日等々、とにかくそれをしないと「キショク」がわるいと言うのです。

こういった現状を何とかしなければ、という強い思いで本書を書き上げてみました。少々乱暴な私釈を述べ仏教学者や僧職の方々からお叱りを受けそうなところもありますが、これもひとえに仏教に縁の薄い現代人の懐を開き、関心を寄せて頂くためのものでありまして、これをご縁に仏教、とりわけ浄土真宗にご興味をお示しいただければ、この上ない喜びであります。

【参考文献】

真宗聖典編纂委員会編『真宗聖典』真宗大谷派宗務所出版部　一九八五年
平野修『正信念仏偈の教相〈上・下巻〉』法蔵館　二〇〇一年
平野修『親鸞からのメッセージ①〜⑤』法蔵館　一九九八年
平野修『教行信証に学ぶ』東本願寺出版　二〇〇四年
坂東性純『親鸞和讃〈上・下〉』ＮＨＫ出版　一九九七年
坂東性純『浄土三部経の真実』ＮＨＫ出版　二〇〇〇年
高木昭良『教行信証の意訳と解説』永田文昌堂　一九九四年
高木昭良『正信偈の意訳と解説』永田文昌堂　二〇〇五年
早島鏡正『正信偈をよむ』ＮＨＫ出版　一九九六年
宮城顗『真宗の本尊』東本願寺出版　二〇〇〇年
宮城顗『和讃に学ぶ』東本願寺出版　二〇一四年
鈴木大拙『禅の第一義』平凡社　一九六六年
鈴木大拙『無心といふこと』平凡社　一九六六年

鈴木大拙『浄土系思想論』岩波書店　二〇一六年
鈴木大拙・曽我量深他『親鸞の世界』東本願寺出版　二〇一一年
中村元『釈尊の生涯』平凡社　一九六六年
中村元『仏教語大辞典』（縮刷版）東京書籍　一九七六年
ひろさちや『諸行無常を生きる』角川書店　二〇一一年
吉野源三郎『君たちはどう生きるか』岩波書店　二〇一七年
阿満利麿『親鸞・普遍への道』筑摩書房　二〇〇七年
阿満利麿『親鸞』筑摩書房　二〇一一年
阿満利麿『親鸞からの手紙』筑摩書房　二〇一〇年
阿満利麿『選択本願念仏集』角川学芸出版　二〇一三年
阿満利麿『無宗教からの「歎異抄」読解』筑摩書房　二〇〇五年
阿満利麿『仏教と日本人』筑摩書房　二〇〇七年
阿満利麿『宗教は国家を超えられるか』筑摩書房　二〇〇五年
阿満利麿『宗教の深層』人文書院　一九八九年
阿満利麿『柳宗悦』リブロポート　一九八七年
ヨースタイン・ゴルデル〈池田香代子訳〉『ソフィーの世界』ＮＨＫ出版　一九九五年

松長有慶『仏教と科学』岩波書店　一九九七年
高松信英『現代語訳　観無量寿経・阿弥陀経』法蔵館　二〇一〇年
高神覚昇『仏教概論』大法輪閣　一九四九年
高神覚昇『般若心経講義』平凡社　一九六六年
倉田百三『生活と一枚の宗教』平凡社　一九六六年
釈徹宗『法然親鸞一遍』新潮社　二〇一一年
三枝充悳『世親』講談社　二〇〇四年
三枝充悳『インド仏教思想史』講談社　二〇一三年
暁烏敏『歎異抄講話』講談社　二〇〇八年
増谷文雄・梅原猛『仏教の思想1　知恵と慈悲〈ブッダ〉』角川学芸出版　一九九六年
櫻部建・上山春平『仏教の思想2　存在の分析〈アビダルマ〉』角川学芸出版　一九九六年
梶山雄一・上山春平『仏教の思想3　空の論理〈中観〉』角川学芸出版　一九九八年
服部正明・上山春平『仏教の思想4　認識と超越〈唯識〉』角川学芸出版　一九九七年
塚本善隆・梅原猛『仏教の思想8　不安と欣求〈中国浄土〉』角川学芸出版　一九九七年
増谷文雄・梅原猛『仏教の思想10　絶望と歓喜〈親鸞〉』角川学芸出版　一九九六年
増谷文雄『無量寿経講話』講談社　二〇〇二年

増谷文雄『釈尊のさとり』講談社　一九八五年
増谷文雄『仏教百話』筑摩書房　二〇一〇年
増谷文雄・遠藤周作『親鸞』朝日出版社　一九七九年
田上太秀『仏教の真実』講談社　二〇一三年
田上太秀監修『図解　ブッダの教え』西東社　二〇一〇年
田上太秀『仏性とはなにか』大蔵出版　二〇〇三年
田上太秀『迷いから悟りへの十二章』ＮＨＫ出版　一九九九年
廣澤隆之『「唯識三十頌」を読む』大正大学出版会　二〇〇五年
松原謙一『遺伝子とゲノム』岩波書店　二〇〇二年
清沢満之『精神主義ほか』中央公論新社　二〇一五年
中島義道『善人ほど悪い奴はいない』角川書店　二〇一〇年
秋月龍珉『「正法眼蔵」を読む』ＰＨＰ研究所　一九八五年
佐々木閑『仏教は宇宙をどう見たか』化学同人　二〇一五年
佐々木閑・大栗博司『真理の探究』幻冬舎　二〇一六年
佐々木閑『大乗仏教』ＮＨＫ出版　二〇一七年
佐々木閑・宮崎哲弥『ごまかさない仏教』新潮社　二〇一七年

伊藤栄樹『人は死ねばゴミになる』新潮社　一九八八年
金子大栄校訂・親鸞著『教行信証』岩波書店　一九九七年
柳澤桂子『生きて死ぬ智慧』小学館　二〇〇六年
柳澤桂子『生と死が創るもの』筑摩書房　二〇一〇年
小泉八雲『怪談・奇談』講談社　二〇一一年
石上善應『往生要集』ＮＨＫ出版　一九九八年
秋山さと子『科学と宗教はどこまで出会えるか』大和書房　一九九四年
池内了『科学と人間の不協和音』角川書店　二〇一二年
池内了『物理学と神』集英社　二〇〇二年
池内了『疑似科学入門』岩波書店　二〇〇八年
藤田一照・山下良道『アップデートする仏教』幻冬舎　二〇一三年
山折哲雄『「教行信証」を読む』岩波書店　二〇一〇年
山折哲雄『仏教とは何か』中央公論新社　一九九三年
山折哲雄『悪と往生』中央公論新社　二〇一二年
村山斉『宇宙は何でできているのか』幻冬舎　二〇一二年
大江憲成『人生を丁寧に生きる』東本願寺出版　二〇一三年

水原舜爾『人間――この愚かなるもの』樹心社　二〇〇三年
水原舜爾『科学時代の仏教』大蔵出版　一九八四年
水原舜爾『科学から仏教へ』大蔵出版　一九八九年
ワールポラ・ラーフラ〈今枝由郎訳〉『ブッダが説いたこと』岩波書店　二〇一六年
J・ゴンダ〈鎧淳訳〉『インド思想史』岩波書店　二〇〇二年
カント〈高峯一愚訳〉『純粋理性批判』河出書房新社　一九六八年
高城俊郎『人生を豊かにする「歎異抄」』PHP研究所　二〇〇九年
野間宏訳『歎異抄』河出書房新社　二〇〇六年
野間宏・三國連太郎『親鸞から親鸞へ』藤原書店　一九九〇年
小川一乗『親鸞が出遇った釈尊』東本願寺出版　二〇一七年
戸次公正ほか『殺すこと殺されること』インパクト出版会　一九九三年
松原泰道『般若心経入門』祥伝社　二〇〇三年
米沢英雄『自然法爾』光雲社　一九八四年
横山紘一『阿頼耶識の発見』幻冬舎　二〇一一年
横山紘一『「唯識」という生き方』大法輪閣　二〇〇三年
泉美治『科学者の説く仏教とその哲学』学会出版センター　一九九二年

泉美治『仏教の唯識に学ぶ』学会出版センター　二〇〇四年
櫻部建『業・宿業の思想』平楽寺書店　二〇〇三年
町田宗鳳『法然・愚に還る喜び』NHK出版　二〇一〇年
高井研『生命はなぜ生まれたのか』幻冬舎　二〇一三年
遠藤周作『沈黙』新潮社　二〇一七年
寿岳文章編『柳宗悦　妙好人論集』岩波書店　一九九一年
植木雅俊『仏教、本当の教え』中央公論新社　二〇一一年
延塚知道『「他力」を生きる』筑摩書房　二〇〇一年
藤谷知道『いのちの風光』樹心社　二〇一二年
古田和弘『涅槃経の教え』東本願寺出版　二〇〇八年
前田專學『インド哲学へのいざない』NHK出版　二〇〇〇年
頼富本宏『密教とマンダラ』NHK出版　二〇〇三年
マイケル・ブルックス〈久保尚子訳〉『ビッグクエスチョンズ　物理』ディスカヴァー・トゥエンティワン　二〇一四年
本多弘之『親鸞思想の原点』法蔵館　二〇〇八年
本多弘之ほか『親鸞　いまを生きる』朝日新聞出版　二〇一一年

宇井伯寿・高崎直道訳注『大乗起信論』岩波書店　二〇一七年
飲茶『哲学的な何か、あと科学とか』二見書房　二〇〇六年

鈴木　正臣（すずき　まさおみ）

1938年　大分県中津市生まれ
1956年　海上保安庁入庁。本庁警備救難部警備第1課国際犯罪対策室専門官、鹿児島海上保安部次長、仙崎海上保安部長を歴任
1999年　定年退職
2018年８月現在、浄土真宗大谷派日豊教区同朋の会推進員連絡協議会会長。同教区耶馬溪組門徒会長。

分かりやすい仏教入門
私たちはどう生きるか
——他力と悪人の自覚

2019年２月４日　初版第１刷発行

著　者　鈴木正臣
発行者　中田典昭
発行所　東京図書出版
発売元　株式会社 リフレ出版
〒113-0021　東京都文京区本駒込 3-10-4
電話 (03)3823-9171　FAX 0120-41-8080
印　刷　株式会社 ブレイン

ISBN978-4-86641-204-7 C0015
Printed in Japan 2019
落丁・乱丁はお取替えいたします。

ご意見、ご感想をお寄せ下さい。
［宛先］〒113-0021　東京都文京区本駒込 3-10-4
東京図書出版